Zu diesem Buch

Am 12. September 1980 putscht in der Türkei das Militär. «Ruhe und Ordnung» heißt die Devise der neuen Herrscher: Politische Verfolgung, willkürliche Verhaftung, Folter werden zu alltäglichen Methoden der Machtausübung, Tausende von Menschen werden ins Exil getrieben.

Das ist zehn Jahre her. Heute ist die Türkei eine parlamentarische Demokratie. Der türkische Staat bemüht sich um die Aufnahme in die Europäische Gemeinschaft, das Parlament hat die Europäische Menschenrechtskonvention und die Anti-Folter-Konventionen der UNO und der EG ratifiziert. In Verhandlungen mit europäischen Politikern geben sich die Regierenden liberal. Vom Rechtsstaat, von der Unabhängigkeit der Gerichte ist die Rede.

Die Wirklichkeit sieht anders aus. Die Spuren des September sind allgegenwärtig. Noch immer gelten die Unrechtsgesetze des Militärregimes, noch immer gibt es die Folterteams der politischen Polizei. Menschen werden aus fadenscheinigen Gründen festgenommen, Tausende sitzen jahrelang ohne Urteil in Untersuchungshaft, Polizisten schießen auf friedliche Demonstranten.

Ömer Erzeren hat Geschichten zusammengetragen von Menschen, die ins grausame Räderwerk von Polizei und Justiz geraten sind. Er erzählt von dem fünfzehnjährigen Merih Calayoğlu, der ins Gefängnis kam, weil er Hammer und Sichel an die Tür des Klassenzimmers malte. Von der sechzehnjährigen Saadet Akkaya, die von einem Folterteam vergewaltigt wurde. Von dem Journalisten Veli Yılmaz, der für Artikel, die er vor dem Putsch geschrieben hatte, zu einer Haftstrafe von 748 Jahren verurteilt wurde. Von den hungerstreikenden Gefangenen im Gefängnis Aydın und von den «Frauen in Schwarz», die es wagten, für diese Gefangenen zu demonstrieren. Es sind Momentaufnahmen von Unterdrückung und Widerstand, Bilder vom Alltag einer Septemberdemokratie.

Ömer Erzeren, geb. 1958, ist Korrespondent der «tageszeitung» (taz) in Istanbul.

Ömer Erzeren

Septemberspuren

Türkei:
Von Menschen, die der Folter widerstanden

rororo

Rowohlt

rororo aktuell
Herausgegeben von Ingke Brodersen

Redaktion Thomas Becker

Originalausgabe
Veröffentlicht im Rowohlt Taschenbuch Verlag GmbH,
Reinbek bei Hamburg, April 1990

Einzelne Texte aus diesem Buch sind bereits in der *Tageszeitung* erschienen
Umschlaggestaltung: Büro Hamburg,
Jürgen Kaffer/Peter Wippermann
(Foto: Ted Baker/The Image Bank)
(Foto Seiten 12/13: Mehtap Yücel)
Satz Sabon (Linotronic 500)
Gesamtherstellung Clausen & Bosse, Leck
Printed in Germany
980-ISBN 3 499 12728 8

Inhalt

Vorwort

Am 12. September 1980 putscht in der Türkei das Militär. «Ruhe und Ordnung» heißt die Devise der neuen Herrscher; politische Verfolgung, willkürliche Verhaftungen und Folter werden zu alltäglichen Methoden der Machtausübung, Tausende von Menschen werden ins Exil getrieben.

Im Dezember 1989, neun Jahre nach dem Putsch, zieht die liberale türkische Tageszeitung *Güneş* Bilanz – nüchterne Zahlen über die Menschenrechtsverletzungen seit der Machtübernahme der Generale: Festgenommene: 650000 Menschen... Eröffnete Strafprozesse: 210000... Geforderte Todesstrafen: 6353... Hingerichtete: 50... Todesurteile, die dem türkischen Parlament zur Bestätigung vorliegen: 255... Bürger, denen kein Paß ausgestellt wird: 370377... Menschen, die im politischen Exil leben: 30000... Aus politischen Gründen Ausgebürgerte: 14000... Ungeklärte Todesfälle: über 300... Erwiesene Foltermorde: 171... Strafgefangene: 52000... Todesfälle während der Hungerstreiks in den Gefängnissen: 14... Menschen, die während Hungerstreiks zu Krüppeln wurden: Hunderte... Beamte, Richter, Staatsanwälte, Polizisten und Lehrer, die aus dem Dienst entlassen wurden: rund 30000... Verbotene Kinofilme: 937, davon 114 von und mit Yılmaz Güney... Bücherverbrennungen: 251... Presseverfahren: über 2000... Angeklagte in den Strafprozessen gegen Journalisten: 3000... Beschlagnahmte Periodika: 458... Strafprozesse gegen die dreizehn großen Tageszeitungen: 303... Verbotene Vereine: 23667.

Von September 1980 bis November 1983 regierten die Putschisten. Die fünf Generale nannten sich «Nationaler Sicherheitsrat». Ihr Wort war Gesetz. Das Parlament wurde aufgelöst, die Parteien und die meisten Gewerkschaften wurden verboten, die Universitäten gleichgeschaltet. 1982 verabschiedeten die Generale eine neue Verfassung, die einem Verbotskatalog gleichkommt. In einer zweifelhaften Volksabstimmung ließen sie sich ihr Verfassungswerk bestätigen. Neue Strafgesetze folgten Gewehr bei Fuß. Um sich für alle Zeiten abzusichern, legten die Machthaber in der Verfassung fest, daß kein Gesetz, welches sie nach 1980 erließen, für verfassungswidrig erklärt werden könne. Das Wirken des «Nationalen Sicherheitsrates» darf laut Gesetz nicht rechtlich belangt werden. Jahre später hat ein anderer General diese Gesetze abgeschrieben: Augusto Pinochet, bevor er für Dezember 1989 Wahlen in Chile zuließ.

Drei Jahre dauerte die Militärdiktatur. Im November 1983 dann folgte – so zumindest verhieß es die offizielle Propaganda – die «Rückkehr zur Demokratie». In der Türkei wurde gewählt. Drei Parteien ließen die Militärs zu den Wahlen zu. Die Mutterlandspartei, die als Gewinner hervorging, trat das Erbe des Septemberregimes an. Auch 1987 gewann die Mutterlandspartei die Wahl. Zivilisten stellen heute die Regierung. Selbst das Amt des Staatspräsidenten haben die Militärs abgegeben. Seit November 1989 sitzt nicht mehr der Putschist Kenan Evren, sondern der ehemalige Parteivorsitzende der Mutterlandspartei und Ministerpräsident Turgut Özal im Präsidentenpalais. In Kontakten mit der EG geben sich die Regierenden liberal. Vom Rechtsstaat, von der Unabhängigkeit der Gerichte ist die Rede. Ohne Zögern ratifiziert das türkische Parlament internationale Verträge: die Europäische Menschenrechtskonvention, die Anti-Folter-Konventionen der UNO und des Europarates. Papier ist geduldig.

In Wahrheit regieren die Zivilisten nur allzu gern mit den Unrechtsgesetzen, mit denen die Militärs die Gesellschaft in ein Korsett gezwängt haben. «Der 12. September hat ein großes Werk vollbracht. Wer dies leugnet, gehört zu denjenigen, die – wie der Koran sagt – blind und taub sind und deren Herzen verriegelt sind.» So dankt Staatspräsident Turgut Özal seinen Geburtshelfern. Unter dem zivilen Kabinett Özal wurde am 1. Mai 1989 Schießbefehl auf Demonstranten erteilt.

Die Gewalt der Septembertage ist allgegenwärtig. Noch immer gibt es die Folterteams der politischen Polizei, Menschen werden aus fadenscheinigen Gründen festgenommen, Tausende sitzen jahrelang ohne Urteil in Untersuchungshaft. In dem gnadenlosen Krieg zwischen der türkischen Armee und der kurdischen Guerillaorganisation PKK im Osten des Landes sind Übergriffe auf die Zivilbevölkerung die traurige Regel. Ohne Gerichtsurteil, per Verwaltungserlaß werden Menschen aus ihrer Heimat verbannt, unter zweifelhaften Umständen werden Zivilisten «auf der Flucht erschossen».

Und doch ist die Türkei heute auch eine Demokratie. Wahlen finden statt, es gibt eine unabhängige Verfassungs- und Verwaltungsgerichtsbarkeit, eine unabhängige und freie Presse. Die Buch- und Zeitungskioske führen nicht nur Literatur von Sartre, Brecht, Böll, Gorki oder Ehrenburg, sondern auch die Werke von Marx, Lenin und Luxemburg. Dieses Buchsortiment gehört ebenso zur Normalität wie willkürliche Bücherverbrennungen.

Demokratische Institutionen und staatliche Repression existieren nebeneinander. So kann es geschehen, daß das Verfassungsgericht Teile eines gänzlich undemokratischen Polizeigesetzes für verfassungswidrig erklärt. So kann es geschehen, daß gelegentlich auch Folterer verurteilt werden. Oder daß Bürger, die eine mühselige Verwaltungsgerichtsklage angestrengt haben, nach Jahren Recht gegen den Staat bekommen. Als im August 1989 bei einem Hungerstreik im Gefängnis Aydın zwei Menschen unter den Schlägen der Wärter zu Tode kamen, konnte eine große Tageszeitung die Regierung ungestraft des «staatlichen Mordes» bezichtigen – allerdings ohne daß diese sich von der öffentlichen Empörung beeindrucken ließ.

Beiläufig liest man heute Zeitungsmeldungen wie die folgende: «Die Ehefrau des PKK-Mitgliedes Mehmet Yüce, Necla Yüce, ist unter der Anschuldigung, sie treffe sich heimlich mit ihrem Mann, aus dem Hause ihres Schwiegervaters abgeführt und dem staatlichen Krankenhaus von Tunceli übergeben worden. Nachdem die Ärzte feststellten, daß Frau Yüce ‹seit geraumer Zeit keinen Sexualkontakt gehabt hat›, wurde sie wieder freigelassen. ‹Wie hätten wir denn anders feststellen können, ob sie ihrem Mann Unterschlupf gewährt?› rechtfertigte der Gouverneur die Zwangsuntersuchung. Er sprach in diesem Zusammenhang von ‹natürlichen Verfolgungsmethoden›.»

Folterungen haben für die türkischen Tageszeitungen nur geringen Nachrichtenwert. Nicht wegen Zensur oder der Angst vor Repression – eine Reihe von Zeitungen betreibt mutigen Journalismus –, sondern wegen der Vielzahl der Fälle. Die Gewalt ist verinnerlicht, sie hat die türkische Gesellschaft durchdrungen, und es muß schon etwas Besonderes passieren, damit ein längerer Artikel erscheint. Zum Beispiel über die Bauern des kurdischen Dorfes Yeşilyurt, die von eindringenden Soldaten gezwungen wurden, ihre Exkremente aufzuessen. Tagtäglich führt uns der staatliche Monopolsender TRT im Fernsehen gefangengenommene «Terroristen» vor: Waffen, Bücher, Flugblätter sind auf einem Tisch aufgebaut; dahinter gebückte Menschen. Manchmal hat die Polizei mit Kugeln einen Satz auf den Tisch geschrieben: «Wie glücklich, wer von sich sagt, daß er Türke ist.» In diesem Falle sind die zur Schau gestellten Menschen Kurden. Viele haben sich in den letzten Jahren im Fernsehen als «Terroristen» wiedererkannt, obwohl das Gericht sie als unverdächtig auf freien Fuß gesetzt hatte. Eine öffentliche Einschüchterung, die Angst und Mißtrauen säen soll.

Seit Monaten stellt die türkische Regierung eine Strafrechtsreform in Aussicht. Die berüchtigten Gesinnungsparagraphen 141 und 142, die – den Strafgesetzen des faschistischen Italien unter Mussolini entlehnt – kommunistische Gedanken und Vereinigungen unter Strafe stellen, sollen revidiert werden. Ebenso der Paragraph 163, der islamisch-fundamentalistische Gedanken mit schweren Zuchthausstrafen verfolgt. Auch von der bevorstehenden Legalisierung der kommunistischen Partei, einer im politischen Leben eher unbedeutenden Gruppierung, ist die Rede. Seit ihrer Rückkehr aus dem Exil im November 1987 sitzen die Kommunistenführer Nihat Sargın und Haydar Kutlu im Gefängnis. Obwohl sie bei ihrer Ankunft auf dem Flughafen Ankara von eropäischer Prominenz begleitet wurden, entgingen auch sie nicht der Folter auf dem Polizeipräsidium. Heute ist man im Zuge der Verhandlungen um den EG-Beitritt zu Konzessionen an die Kommunisten bereit. Propagandistisch will der türkische Staat seine Freiheitlichkeit demonstrieren, indem er einigen seiner Gegner die öffentliche Absolution erteilt. Doch die Legalisierung der KP würde keinen Deut an den gesellschaftlichen Verhältnissen ändern.

Bis heute lasten die Schatten der Vergangenheit auf der Türkei, einen Bruch mit dem Septemberregime hat es nie gegeben. Folterspezialisten von einst haben Karriere gemacht und sitzen in hohen Positionen, neue Folterer sind herangezogen worden. Der Militärputsch hat die Gesellschaft der totalitären Kontrolle des Staates unterworfen. Und dieser Staat, dessen Regime sich heute demokratisch nennt, trägt nach wie vor die Spuren des Septemberputsches. Nicht nur in Verfassung und Strafrechtsparagraphen, sondern in der politischen Kultur schlechthin.

Die Berichte, Porträts und Gespräche in diesem Buch erheben nicht den Anspruch, umfassend über Menschenrechtsverletzungen in der Türkei zu informieren. Sie erzählen die Geschichten von Menschen, die ins Räderwerk von Polizei und Justiz geraten sind, die mißhandelt, gefoltert und ermordet wurden. Sie lassen Menschen zu Wort kommen, die gegen das Unrecht aufbegehren, die sich einsetzen für die politischen Gefangenen, selbst immer von Verhaftung bedroht. Es sind Momentaufnahmen vom unheilvollen Wirken des Unterdrückungsapparats. Nicht die Jahre, als die Militärs die Türkei regierten, stehen dabei im Blickfeld, sondern die heutige Repression: der Alltag einer Septemberdemokratie.

Istanbul, im Januar 1990 — Ömer Erzeren

Ein irregeleitetes Kind

«Sei ganz entspannt, sagten die Männer im weißen Kittel zu mir, als ich mich hinlegen mußte und sie mich an einen Apparat anschlossen. Ich war aufgeregt, und sie nahmen mich ins Kreuzverhör: Was ist der Kommunismus? Wo gibt es den Kommunismus? Wer ist Lenin? Wer hat den Kommunismus begründet? Bist du Mitglied in einer kommunistischen Organisation?»

Ein Fünfzehnjähriger berichtet über seinen Aufenthalt in der Istanbuler Gerichtspsychiatrie. Die von den Psychiatern aufgezeichneten Werte sollten zur Klärung der Frage beitragen, ob er «ein kommunistischer Verbrecher» oder ein «irregeleitetes Kind» ist. Es geht um «Merih Calayoğlu, Sohn des Zafer, geboren 8.9.1973 in Berlin, wohnhaft in der 223. Straße in Izmir/Bezirk Hatay. Straftat: Kommunistische Propaganda.» So steht es in der Anklageschrift des Staatsanwalts beim Staatssicherheitsgericht Izmir, der zehn Jahre Gefängnisstrafe für den Schüler forderte. Nach Polizeihaft und monatelangem Gefängnisaufenthalt hatte das Gericht Merihs Zwangseinweisung in die Psychiatrie verfügt, um per Gutachten feststellen zu lassen, ob der Junge schuldfähig ist. Danach wurde Merih vor einem Sondergericht der Prozeß gemacht. Nur «Verbrechen gegen den Staat» werden hier verhandelt – Heroinhandel, Waffenschmuggel, Spionage und politische «Verbrechen».

«Gloria in Excelsis Deo» verkünden drei blaue Porzellanengelchen in der elterlichen Wohnung Merihs in Izmir. Wie die Blümchentapeten, der Videoapparat und das Aquarium entstammen die kitschigen Engel dem Deutschlandaufenthalt der Familie. Cavidan Avcı, die Mutter, kam mit ihrem Vater nach Deutschland, als sie zwölf Jahre alt war. In Eckartshausen bei Stuttgart ging sie zur Schule, ihr Vater arbeitete auf dem Bau. Als sie siebzehn war, zog die Familie nach Berlin. Nach einer ersten, gescheiterten Ehe lernte Cavidan Avcı hier ihren jetzigen Mann, Merihs Vater, kennen. 1973 kam Merih zur Welt. In Kreuzberg wurde er eingeschult.

«Nie habe ich zugelassen, daß Merih geschlagen wird. Ich wollte, daß ihm eine anständige, zivilisierte Erziehung zuteil wird», erzählt Cavidan Avcı. Bei ihrer Entscheidung, in die Türkei zurückzukehren, hatte sie das Wohl ihres Sohnes im Auge: «Am Bahnhof Zoo sah ich Mädchen auf dem Straßenstrich, in der Nachbarschaft lebten Hascher und Fixer. Mein Sohn sollte nicht so enden, deshalb ging ich in die Türkei zurück.» Die Bilanz der Rückkehr: Folter, Polizeihaft, Gefängnis, Psychiatrie für Merih. Ein fehlgeschlagener Suizidversuch der Mutter mit einer Überdosis Schlaftabletten.

Am 3. Oktober 1988, wenige Tage nach Schulbeginn, wird an der Tür des Klassenzimmers 4L im Lyzeum «Karataş» in Izmir ein Gekritzel gesichtet. Mit blauem Kugelschreiber hat jemand Hammer und Sichel an die Klassentür gemalt, so winzig, daß die Zeichen kaum zu erkennen sind. «Man brauchte schon eine Lupe, um darauf Hammer und Sichel zu sehen», spottet ein Mitschüler Merihs. Der undisziplinierte, aufmüpfige Merih wird als Täter ausgemacht. «Ich mußte vor der Klasse die Hände erhoben halten, und der Schuldirektor schlug vor meinen Klassenkameraden auf mich ein», sagt Merih. Nach den Prügeln ruft der Direktor die politische Polizei. Merih wird abgeführt. «Unser Direktor ist auf politische Karriere aus. Er hat auch das staatliche Fernsehen TRT benachrichtigt, damit ein Fernsehteam kommt und für die Nachrichtensendung einen Beitrag dreht. Er wollte sich gerne als heldenhaften Pädagogen, der einen kommunistischen Schüler dingfest macht, im Fernsehen sehen», berichtet ein Lehrer. Das staatliche Fernsehen zeigt kein Interesse. Dem Schuldirektor Turhan Baysal bleibt nur die rechtsextreme Presse zur Selbstdarstellung: «Kommunisten anzuzeigen ist die Pflicht eines jeden Bürgers.»

Zivilpolizisten fahren mit Merih in die elterliche Wohnung. Cavidan Avcı öffnet ihnen die Tür. «Drei Männer in heruntergekommener Kleidung standen mit dem verstörten Merih vor der Tür. Ich hatte Angst. Sie drangen in unsere Wohnung ein und durchwühlten alles. Erst später begriff ich, daß es Zivilpolizisten waren und eine Hausdurchsuchung stattfand.» – «Was seid ihr bloß für widerliche Menschen, was bist du für eine Mutter», schimpft einer der Polizisten, als er Merihs ungemachtes Bett sieht. «Er macht sein Bett selbst», antwortet Cavidan Avcı. Schulhefte, Tagebücher und Briefe des Jungen werden beschlagnahmt – ebenfalls «Getamicin-Ampullen» und Spritzen. Das Präparat, von der Nachbarin in Notfällen injiziert, hilft gegen die Bronchitisanfälle von Merihs zweijährigem Bruder Yiğit.

Zehn Tage verbringt Merih in Polizeigewahrsam. Dort unterschreibt er das Geständnis: Ich, Merih Calayoğlu, war es, der Hammer und Sichel an die Tür malte. Das Protokoll der Aussagen vor der Polizei, von Kommissar Necmi Çakar und Merih unterschrieben, findet sich in den Gerichtsakten. Die Diktion verrät die Urheber des Schriftsatzes: «Ich bin für das kommunistische Regime. Ich habe Propaganda gemacht, damit das Regime in unserem Land Fuß faßt. Wenn ich nicht gefangengenommen worden wäre, hätte ich die Propagandaarbeit fortgesetzt.» Der Richter erläßt Haftbefehl. Merih wird in das Jugendgefängnis Izmir/Buca eingeliefert.

«Als er von der Polizeiwache in unsere Zelle kam, waren seine Finger blau angeschwollen, er konnte beim Essen nicht den Löffel halten. Auf der Polizei hatten sie ihn mit Elektroschocks traktiert, damit er gesteht», berichtet Mehmet, der zu gleicher Zeit wie Merih im Izmirer Jugendgefängnis einsaß. «Alle haben ihn fertiggemacht. Zur Begrüßung haben ihn die Wärter verprügelt. Dann fingen die Jungs an, ihn zu mißhandeln. Weil er ein ‹Gebildeter› war, einer, der Tinte geleckt hat, hatten die Straßenjungs ihn auf dem Kieker. Mit Bettstangen schlugen sie auf seine Fußsohlen ein.» Merih mit seinem kindlichen Gesicht und den grünen Augen wird alsbald zum Sexualobjekt seiner rauhen Haftgenossen. «Sie faßten ihn an die Backen, an Brust und Hoden. Er schrie nachts im Schlaf: ‹Faßt mich nicht an.› Oft ist er schweißgebadet aufgewacht.» Merih versucht, sich bei den Wächtern zu beschweren. Sie spotten nur über ihn. «Geschieht dir recht, du Kommunistenlümmel!»

Die ziellose Tortur durch seine Mithäftlinge setzt Merih mehr zu als die Folter auf der Wache und die Prügel der Wärter. Einer der wenigen, die Verständnis für ihn aufbringen, ist Mehmet, dessen Lebensgeschichte nicht im geringsten der Merihs ähnelt. Mehmet hat keine «Tinte geleckt», schon früh mußte er arbeiten. Heute schuftet er zwölf Stunden am Tag als Lederarbeiter. «Es war süß, wie Merih von Gerechtigkeit auf der Welt schwärmte, vom Ende der Armut. Ich bin ja auch dafür. Nur bei Merih war es Phantasie, kindliche Träume, die nichts mit der Wirklichkeit zu tun hatten. Er hatte ja nie im Leben gearbeitet und lebte in wohlhabenden Verhältnissen.»

«Mir wäre wohler, wenn ich Freunde wie euch hätte», schreibt Merih in einem Brief aus dem Gefängnis an seinen Freund Gökhan. «Die Jungs hier sind sehr schlecht. Ich kann mich nicht mit ihnen anfreunden. Es sind alles Diebe, während ich ja ein politischer Fall bin. Mein Kulturniveau ist eben höher als ihres.» Merih macht sich Sorgen um seine Mutter. Am 20. November 1988 schreibt er: «Liebe Mutter, Du mußt acht auf Deine Nerven geben. Du bist sehr durcheinander. In einem Brief von Dir steht der 16. Oktober als Datum. Du hättest 16. November schreiben müssen. Zuerst dachte ich fälschlicherweise, der Brief hat einen Monat gebraucht, um anzukommen... Ich habe hier viel gelernt, ich bin klüger geworden. Früher habe ich die Welt in sehr rosaroten Farben gesehen.» – «Liebe Mutter, ich habe Sehnsucht nach unserem schönen Frühstückstisch. Hier können wir nicht so schön frühstücken», schreibt Merih in seinem nächsten Brief. Und wenige Zeilen später: «Den Daumen meiner linken Hand kann ich kaum bewegen. Manchmal überhaupt nicht. Aber meine rechte Hand ist gesund. Ich glaube, es kommt von den Schlägen auf der Polizeiwache. Ich will in Kürze zum Gefängnisarzt gehen.»

Eine Abwechslung während seines siebenundachtzigtägigen Aufenthaltes im Gefängnis ist es für Merih, wenn er angekettet und in

Begleitung bewaffneter Gendarmen zu den Prozeßterminen im Staatssicherheitsgericht Izmir geführt wird. «Sohn, was hat es mit dem Kommunismus auf sich», fragt der Richter den im Gefängnis kahlgeschorenen Schüler an einem Prozeßtag. «Ich habe in Büchern und Zeitungen darüber gelesen», ist die Antwort des jugendlichen Angeklagten.

Für den Staatsanwalt steht die Schuld des Jungen fest: «Es ist erwiesen, daß der Angeklagte die Russenfahne mit Hammer und Sichel an die Klassentür der Klasse 4L malte. Während der Hausdurchsuchung wurde ein Kalender gefunden, in dem am 1. Mai das Wort Kommunismus und ‹Es leben die Arbeiter und Bauern› eingetragen ist», heißt es in der Anklageschrift. Der Ankläger fordert die Bestrafung aufgrund des berüchtigten Paragraphen 142 des Strafgesetzbuches. «Mit Zuchthaus von fünf bis zu zehn Jahren wird bestraft, wer in der Absicht, irgendeine der wirtschaftlichen und sozialen Grundordnungen des Staates umzustürzen oder die politischen und rechtlichen Ordnungen des Staates völlig zu beseitigen, Propaganda, gleichgültig in welcher Art und Weise, treibt.» Die Strafe wird um ein Drittel erhöht, wenn die Handlung in Amtsstellen oder Schulen verübt wurde.

Angesichts der rigiden Strafe, die droht, beantragen die Verteidiger des Jungen ein psychiatrisches Gutachten. Das Gericht entscheidet die Zwangseinweisung Merihs in die psychiatrische Beobachtungsstation der Gerichtsmedizin in Istanbul. Die Rechtsanwälte hoffen, daß ihm das Gutachten «verminderte Zurechnungsfähigkeit» attestiert. Per Deklaration des Jungen zum «Wahnsinnigen» soll der Wahn der politischen Justiz umgangen werden.

«Die Psychiatrie war schlimmer als das Gefängnis», klagt Merih. «Ich war in einer Zelle, in die kaum Licht eindrang. Alle meine Kleider nahmen sie weg. 33 Tage hockte ich im gestreiften Pyjama in der vergitterten Zelle, durfte weder Briefe schreiben noch Besuch empfangen. Ein einziges Mal durfte ich baden.» Im Gegensatz zum Gefängnis herrscht in der Gerichtspsychiatrie totale Isolationshaft. Einen Monat dreht Merih in seiner Zelle Däumchen. Erst danach wird er an diverse Geräte angeschlossen und unmittelbar darauf auf freien Fuß gesetzt. Der Grund der plötzlichen Eile: Die türkische Presse hat den «Fall» Merih Calayoğlu aufgegriffen. Merihs Aufenthalt in der psychiatrischen Beobachtungsstation und der Selbstmordversuch der Mutter sind zu Schlagzeilen in der türkischen Presse geworden.

«Merih Calayoğlu weist nach dem Alexander-Intelligenztest einen IQ von 105 auf, seine Intelligenz ist somit normal. Auf Dissoziation in der Persönlichkeit nach dem Persönlichkeitstest nach Rorschach wurde nicht gestoßen. Er hat eine reiche, kreative Phantasie ohne innere Ruhe», konstatiert das für den Gerichtstermin am 14. März 1989 erstellte Gutachten der Beobachtungsabteilung der Gerichtsmedizin. Auch das Elektroenzephalogramm (EEG) habe keine «Anomalien» zu Tage gefördert. Merihs «Heilung in einer psychiatrischen Anstalt ist nicht notwendig». Dennoch sei der Junge nicht «schuldfähig», sagt das Gutachten, zumal «das Delikt elf Tage nach Überschreitung des Kindesalters» begangen worden sei.

Der Staatsanwalt weist das Gutachten der Gerichtsmedizin als «unklar» und «unbefriedigend» zurück. Die Paragraphen 46 und 47 des türkischen Strafgesetzbuches sehen Straffreiheit bzw. Minderung des Strafmaßes bei psychisch kranken Tätern vor. Da aber keine psychische Krankheit vorliege, könne dem Angeklagten die Schuldfähigkeit nicht abgesprochen werden. Dem Antrag des Staatsanwaltes wird stattgegeben. Ein zweites gerichtsmedizinisches Gutachten soll Klarheit schaffen. Erneut wird Merih in die Gerichtsmedizin eingeliefert – diesmal nur für zwei Tage. Die 4. Fachabteilung der Gerichtsmedizin erstellt ein Gegengutachten: «Im ersten Bericht der Beobachtungsabteilung der Gerichtsmedizin wird bezüglich des 1973 geborenen, fünfzehnjährigen Merih Calayoğlu, der wegen kommunistischer Propaganda angeklagt ist, festgestellt, daß er im Kindesalter sozialen und familiären Schwierigkeiten ausgesetzt war, die Folgen für sein emotionales Leben hatten. Nichtsdestotrotz geht aus dem Gutachten hervor, daß keine psychischen Störungen im Sinne der Strafrechtsparagraphen 46 und 47 vorliegen. Auch bei den Untersuchungen unserer Fachabteilung wurde keine psychische Krankheit festgestellt... Somit ist der

Angeklagte, der der Straftat kommunistischer Propaganda, begangen am 19.9.1988, angeklagt ist, voll schuldfähig.» Am 28. September 1989 wird das Gutachten der 4. Fachabteilung des gerichtsmedizinischen Institutes dem Staatssicherheitsgericht vorgelegt. Das endgültige Urteil der vom Staat bezahlten Mediziner über Merihs Gesundheitszustand: Merih ist nicht geisteskrank.

Nach dem Ende von Gefängnis und Psychiatrie hat sich Merih – er wurde unterdessen des Karataş-Lyzeums verwiesen – in einer anderen Schule Izmirs, im Eşrefpaşa-Lyzeum, eingeschrieben. Er hat an der neuen Schule viele Freunde gewonnen. Der Direktor des Lyzeums bescheinigt ihm «Integrationsfähigkeit». Doch neben dem Prozeß, in welchem zwölf Jahre Gefängnisstrafe für Merih gefordert wurden, ist ein Disziplinarverfahren der Schulverwaltung anhängig. Am 27. August tagt der «Oberste Disziplinarausschuß der Izmirer Schulbehörde», um die Disziplinarstrafe für Merih festzulegen: Schulverbot für alle Schulen im Raum Izmir. Nach zahlreichen Protesten muß Erziehungsminister Avni Akyol den Schulverweis zurücknehmen. Ein Gnadenakt des Ministers, der ansonsten die wehrhafte Schule predigt. Der Schuldirektor des Karataş-Lyzeums, der durch die Denunziation seines Schülers bei der politischen Polizei die «Abwehrmechanismen des Staates gegen Kommunisten» einleitete, wurde von seinem Dienstherrn folgendermaßen verteidigt: «Man kann sich natürlich vorstellen, daß der Vorfall mit pädagogischem Geschick des Schuldirektors hätte gelöst werden können. Aber der Toleranz sind durch Gesetze und Verordnungen Grenzen gesetzt. Wenn der Direktor ihn nicht angezeigt hätte, hätte er sich strafbar gemacht.» Nach dem Verständnis des Ministers ist es Aufgabe der Schule, dem Staat zuzuarbeiten: «Es gibt Werte, die die Schule schützen muß. Die Schulen sind Institutionen, die die Existenz des Staates und der Nation sicherstellen. Sie sind nicht nur Institutionen der Wissensvermittlung, sondern ebenfalls Institutionen, die sozialen Frieden, Solidarität und Kompromisse vermitteln.»

Auch Schuldirektor Baysal zeigte sich nach großem öffentlichen Rummel gnädig: «Ich bin Beamter. Die Verantwortlichen sollen bestimmen, ob er an unsere Schule zurückkehrt. Schließlich ist auch er ein Sohn des Vaterlandes. Auch ein Mörder darf nicht ausgestoßen werden.» Der Vergleich des aufmüpfigen fünfzehnjährigen Schülers mit einem Mörder ist nicht zynisch gemeint. Direktor Baysal steht zu seinem Handeln. Die Denunziation seines Schülers an die politische Polizei, wie die spätere Gnade, hat nicht Eigeninteresse, sondern Staatswohl im Auge.

Am 10. Oktober 1989 wird vor dem Staatssicherheitsgericht Izmir das Urteil verkündet: Freispruch für Merih Calayoğlu. Bei der Urteilsverkündung fällt Merih bewußtlos zu Boden. Die Sitzung muß unterbrochen werden, bis der Angeklagte wieder bei Bewußtsein ist. Nach einem Jahr Leiden für Mutter und Sohn – nach Polizeihaft, Gefängnis, Psychiatrie, Schulverweis und lauter farbigen Pressefotos vom jüngsten Kommunisten im Lande – geht der Prozeß mit einem Freispruch zu Ende. Die wahren Verbrecher wurden weder angeklagt noch zur Rechenschaft gezogen. Der Wahn der politischen Justiz wurde nicht von Gerichtsmedizinern begutachtet.

«Weil der Vorsatz fehlte, eine strafbare Handlung zu begehen, haben wir auf Freispruch entschieden. Die Gesetze sind nicht immer so tolerant», mahnt der vorsitzende Richter des Staatssicherheitsgerichtes Izmir, Metin Çoban, den Schüler und gibt ihm Lebenshilfe mit auf den Weg: «Du mußt im Leben das Wahre, Gute, Schöne wählen.»

«Terroristenfamilie gestellt»

An den Wänden Konzertplakate: 7. Februar Volksbildungsheim Frankfurt, 15. Februar Musikhalle Hamburg, 21. Februar Dadaş Hochzeitssalon Berlin – Anatolien in Liedern, das Geschwisterduo Akkaya. Die zwei jungen Mädchen mit den langen Haaren, die im Februar 1987 auf Tournee in Deutschland waren, sind der Stolz der Familie Akkaya: Saadet, sechzehn Jahre alt, und Gülten, achtzehn Jahre alt. Beide singen und spielen das türkische Saiteninstrument Saz. Musik ist die Welt der achtköpfigen Familie, die in einer bescheiden eingerichteten Wohnung im Istanbuler Stadtteil Şirinevler lebt. Der dreizehnjährige Sohn Erdal spielt Saz, als ich dort eintreffe. Der Vater, Binali Akkaya, beherrscht das Musikinstrument seit seiner Kindheit und hat es seine Kinder gelehrt. In dieser Wohnung, deren Reichtum die selbstgespielten und selbstgesungenen Lieder sind, begann im Morgengrauen des 17. April 1988 der staatliche Terror gegen die Familie Akkaya.

«An diesem Sonntag drangen 25 Zivilpolizisten mit Maschinenpistolen im Anschlag in die Wohnung ein. Ich konnte gerade noch einen Rock überziehen. Sie haben die Wohnung auseinandergenommen, ohne irgend etwas zu finden. Meinen Mann und Niyazi Gürbüz, der unser Gast war, haben sie mitgenommen.» Ayten Akkaya, die Mutter, ist keine ohnmächtige Frau, die sich leicht bedrohen ließe. Empört berichtet die selbstbewußte Turkmenin vom Überfall der Polizei. Der Grund des morgendlichen Polizeibesuchs war ihr Gast Niyazi Gürbüz, den die Staatsgewalt als Mitglied der linksradikalen Organisation TIKKO ausgemacht haben wollte. «‹Wollen die Männer uns umbringen›, hat mich mein kleiner Sohn Levent zitternd gefragt. Ich habe ihn beruhigt. Meine Töchter Saadet und Gülten haben mir geholfen, mit den Kindern fertig zu werden.» Drei Tage lang quartierten sich die Polizisten in der Wohnung ein – eine Falle für Besucher und Freunde der Familie. Die Kinder durften nicht zur Schule. Mit Pistolen in der Hand wurde – nachdem der Vater weggebracht worden war – die Familie terrorisiert. «Ich mußte die Herren bewirten, für sie kochen und Tee servieren», erzählt Ayten Akkaya angewidert. Doch sie ist stolz, sich nicht vollends der Gewalt der Polizisten gebeugt zu haben: «Als der Zucker alle war, sollte ich ihnen Geld für neuen geben. Ich habe mich geweigert. Sie mußten den Zucker selbst bezahlen.»

Am zweiten Tag der polizeilichen Besetzung geschieht das Unglück. Ein Bekannter der Familie ruft an. Die Tochter Saadet sagt in die Sprechmuschel: «Onkel Polat, komm nicht, bei uns sind Polizisten im Haus.» Die Polizei hört mit. Saadet und ihre Schwester werden abgeführt.

Binali Akkaya wird bis zum 6. Mai auf der Polizeistation Gayrettepe von einem «Spezialteam» der politischen Polizei verhört. «Jede Nacht wurde ich in die Folterkammer im Keller der Polizeistation Gayrettepe gebracht. Ich mußte mich nackt ausziehen. Jede Nacht wurde ich mehrfach für rund zwanzig Minuten an den Beinen aufgehängt. Sie schlugen auf mich ein. Zwischendurch verhörten sie mich. Die Elektroschocks dauern drei bis fünf Sekunden und werden ebenfalls mehrmals pro Nacht gegeben. Die Folterbehandlung dauert insgesamt rund vierzig Minuten, anschließend zerren sie einen an den Haaren in die Zelle zurück. Fünf- oder sechsmal pro Nacht bringen sie einen von der Zelle in die Folterhölle. Tagsüber dauern die Verhöre an, aber in einem anderen Raum. Dort gibt es keine Spezialfolter, nur ab und zu Schläge. Manchmal geben sie sich dann auch freundlich und bieten Zigaretten an.»

Für wenige Minuten sieht Binali am elften Tag seine beiden Töchter. «Sie brachten mich in ein Zimmer. Beide Mädchen saßen da, umringt von Polizisten, und heulten. ‹Sag, daß du Terroristen gefüttert hast, sonst stecken wir Schlagstöcke in deine Töchter›, schrie einer und schlug auf mich ein. Ich kann mich noch daran erinnern, wie ich gesagt habe: ‹Ihr bringt auch das fertig.› Sie folterten mich im Nebenzimmer. Ich hörte die Schreie meiner Töchter. Ich wurde bewußtlos.» Binali zieht sein Hemd aus und zeigt mir die pfirsichgroße Anschwellung an seinem Arm. «Das ist übriggeblieben. Am schwersten fiel es mir, wochenlang in der ein mal zwei Meter großen Zelle in Plastikbecher zu scheißen und zu pissen und im eigenen Gestank auszuharren.»

Der Maurer Binali, 46 Jahre alt, ein weißhaariger Mann mit weichen, freundlichen Gesichtszügen, hat zuviel Leid in seinem Leben erfahren, als daß er vor folternden Polizisten kapituliert hätte. Geboren im kurdischen Tercan, hat er seit seiner Kindheit für die *ağas*, die Großgrundbesitzer, als Teilpächter geschuftet. Mit leuchtenden Augen erzählt er die Legende vom Galip Dede, der es wagte, einen Aufstand gegen den *ağa* anzuzetteln. Der *ağa* ließ ihn durch seine Männer ermorden. Um Brot für seine Familie zu verdienen, ließ Binali sich von Arbeitsmaklern für den Bau in Libyen anheuern. «Die Löhne, die an meine Familie in der Türkei gehen sollten, hat die Baufirma zwischen 1978 und 1981 nicht ausgezahlt. Doch ich will nicht jammern. Nach 30 Jahren Arbeit habe ich es geschafft, diese Wohnung in Istanbul zu kaufen.»

Binali unterschreibt auf der Polizeiwache nichts. Nach wochenlanger Folter wird er am 6. Mai dem Staatsanwalt vorgeführt. Der sieht keinen Grund zur Anklageerhebung. Am Nachmittag des 6. Mai 1988 wird er freigelassen. Seine beiden Töchter Saadet und Gülten haben während der Polizeiverhöre in Gayrettepe ein Geständnis unterschrieben, wonach sie «Terroristen» Beihilfe geleistet haben. Aufgrund dieser Geständnisse stellt der Staatsanwalt am selben Tag Haftbefehl gegen Gülten und Saadet aus. Die beiden werden von der Polizeistation Gayrettepe ins Gefängnis Sağmalcılar verlegt.

«Wenige Stunden bevor wir dem Staatsanwalt vorgeführt wurden, brachten sie uns in ein Zimmer, wo ein Tisch mit Kalaschnikofs und linken Publikationen aufgebaut war. Wir mußten uns hinter dem Tisch aufstellen. Das Fernsehen filmte, und Fotoreporter fotografierten.» Am Abend nach seiner Freilassung durch den Staatsanwalt, nachdem klar ist, daß keine Anklageerhebung gegen ihn ergeht, sieht sich Binali in der Nachrichtensendung des staatlichen Fernsehens TRT wieder: «Eine terroristische Bande mit Waffen und verbrecherischen Publikationen wurde ausgehoben.» Binali zeigt mir die türkischen Tageszeitungen vom Tage nach seiner Freilassung, in denen er und seine Töchter vor Kalaschnikofs, Flugblättern und Broschüren abgebildet sind. «Terroristenfamilie gestellt» – «Terroristen als Musikertrio getarnt».

Das Rechtsanwälteehepaar Mehmet Ali und Mihriban Kırdök übernimmt die Verteidigung der beiden Mädchen, nachdem der reguläre Haftbefehl ergangen ist und die beiden ins Gefängnis Sağmalcılar überführt worden sind. «Während der Besuchszeiten machte Gülten einen besseren Eindruck auf mich. Dagegen war Saadet ein verstörtes Mädchen mit frostigen Blicken und bleichgelber Hautfarbe. Sie blickte angstverzerrt vor sich hin und redete kaum ein Wort», erzählt Mehmet Ali Kırdök. Dem Zufall ist es zu verdanken, daß seine Ehefrau Mihriban die Mandantenbesuche übernahm. «Es ist ein Wunder, daß das Mädchen mir gegenüber zum Schluß die sexuellen Tabus gebrochen und mir den Brief zugesteckt hat», sagt Mihriban Kırdök. Ein mit zittriger Handschrift geschriebener, sechsseitiger Brief.

«Alle Scheinwerfer waren auf mich gerichtet. Als das Verhör sie nicht zufriedenstellte, zogen sie meine Bluse und meinen Büstenhalter aus. Um meine Arme wurden Decken gewickelt, anschließend wurden sie mit dicken Kabeln gefesselt. Ich wurde auf einen Stuhl gestellt und hochgezogen, als hinge ich an einem Hebekran. Sie zogen den Stuhl weg, und ich hing in der Luft. Sie gaben Strom, nachdem sie den Kreis über meine Brustwarzen und Fingerspitzen geschlossen hatten. Währenddessen spritzte der Polizist namens Eko Wasser auf meinen Körper. Ich dachte, meine Brust springt heraus. Nach einer Weile hörten sie mit den Elektroschocks auf. Mein Rock und mein Höschen wurden ausgezogen. Der Verhörchef, Eko 66, suchte sich einen Mann aus. Der zog sich Hose und Unterhose aus.

Die anderen Polizisten kniffen mich und schrien lachend, er solle schnell machen. Mit seinem Sexualorgan ... Später rissen zwei Polizisten mir die Beine auseinander. Der bärtige, kleinwüchsige Polizist, der sich vorher ausgezogen hatte, schrie: ‹Bringt die Flasche›. Ich schrie in Panik. Mit dem stumpfen Ende der Flasche stieß er heftig gegen mein Sexualorgan. Ich wurde bewußtlos ... Ich erwachte in meiner Zelle blutverschmiert. Meine Blutung hat fünf Tage gedauert. Am nächsten Tag fragte mich der Polizist mit dem Codenamen Panzer spöttisch, ob ich schwanger sei.»

Die Aussagen von Saadet Akkaya über die Folterungen werden von einer Röntgenuntersuchung bestätigt, die am 10. Juni im Gefängniskrankenhaus Sağmalcılar vorgenommen wird. Lendenwirbelschäden attestiert das Gutachten des Gefängnisarztes, das den Rechtsanwälten Kırdök vorliegt. Trotz Saadets beharrlicher Forderung verweigert der Gefängnisarzt eine Unterleibsuntersuchung. Die Rechtsanwälte beantragen eine gerichtsmedizinische Untersuchung ihrer Mandantin und stellen Strafanzeige gegen die verhörenden Polizisten. Die Justiz verzögert. Wochenlang wird der Antrag der Rechtsanwälte verschleppt. Ein Ermittlungsverfahren gegen die Folterer wird schließlich vom Staatsanwalt eingestellt, eben weil kein Gutachten der Gerichtsmedizin vorliegt.

Saadet nennt in ihrem Brief die Codenamen ihrer Vergewaltiger: Atom, Panzer, Joghurtmann, Eko 66, Grüner. Die Männer sind keine Unbekannten. Seit Jahren werden gegen diese «Verhörexperten» bei der politischen Polizei Gayrettepe Foltervorwürfe erhoben. Doch das türkische Regime, das sich demokratisch nennt und EG-gerechte Antifolterkonventionen unterschreibt, läßt die Polizeibeamten in Amt und Würden. Beispiel: Atom. Er heißt mit richtigem Namen Erdoğan Oğuz. Da die Beweise zu erdrückend waren, war die Staatsanwaltschaft gezwungen, im Mai 1987 ein Verfahren gegen ihn einzuleiten. Erdoğan Oğuz wurde angeklagt, im Jahr 1984 den Gefangenen Hasan Hakkı Erdoğan zu Tode gefoltert zu haben. Eine Verurteilung war unvermeidlich. Erdoğan Oğuz wurde zusammen mit anderen Folterexperten des Polizeipräsidiums Gayrettepe vor der 7. Istanbuler Strafkammer zu einer Gefängnisstrafe von zwei Jahren und neun Monaten verurteilt. Selbstverständlich wurden mildernde Umstände geltend gemacht. Bis heute ist kein Haftbefehl ergangen. Da das Urteil nicht letztinstanzlich bestätigt ist, muß Oğuz seine Gefängnisstrafe nicht antreten. Atom ist weiter in Gayrettepe im Dienst.

Am 16. August 1988 werden Gülten und Saadet Akkaya zusammen mit weiteren fünfzehn Angeklagten dem Staatssicherheitsgericht Istanbul vorgeführt. Aufgrund der Paragraphen 168 und 169, Mitgliedschaft in einer «bewaffneten Bande» bzw. Beihilfe, fordert der Staatsanwalt Gefängnisstrafen bis zu fünfzehn Jahren. «Es ist erwiesen, daß die Angeklagten Saadet Akkaya und Gülten Akkaya, obwohl sie nicht der illegalen Organisation angehörten, den flüchtigen Militanten Beihilfe leisteten», steht in der Anklageschrift. Wie üblich bei den Prozessen vor dem Staatssicherheitsgericht, stützt sich die Anklage auf das «Geständnis» auf der Polizeiwache. Noch einmal berichten Gülten und Saadet Akkaya über die Folterungen und ihre Folterer. Sie benennen Zeugen. Den anderen Angeklagten ist es nicht besser gegangen. Auch sie waren Opfer des für die TIKKO zuständigen Folterteams. Für jede illegale linke Gruppe ist offensichtlich auf Gayrettepe ein anderes Folterteam zuständig. Mit Skizzen versuchen die Angeklagten, die Foltermethoden anschaulich zu machen. Doch das Staatssicherheitsgericht ist abgestumpft. Richter und Staatsanwälte hören hier Tag für Tag die Aussagen der gefolterten Angeklagten. Hıdır Durmaz ist einer derjenigen, die sehr genau über die erlittene Folter berichten. «Laß die Foltergeschichten, wir kennen sie, sag uns, ob du Mitglied in der Organisation bist oder nicht», unterbricht der Richter den Angeklagten.

Gerichtsurteile und reguläre Gefängnisstrafen sind längst nicht mehr das wichtigste Instrument der «Bestrafung» in der Türkei. Polizeihaft und Untersuchungshaft ohne Gerichtsurteil selbst sind eine Strafe. Der Angeklagte Lütfü Bahçeci steht zum drittenmal seit dem Militärputsch 1980 vor Gericht. Vor dem Kriegsgericht Nr. 2 in Istanbul war er bereits wegen Mitgliedschaft in der TIKKO angeklagt. Der militärische Kassationshof hob das Schuldurteil des

Kriegsgerichtes auf. Lütfü Bahçecis zweiter Prozeß endete vor dem Staatssicherheitsgericht mit Freispruch. Bahçeci ist noch nie verurteilt worden. Nichtsdestotrotz hat er bislang 42 Monate in Untersuchungshaft verbracht. Nun, zusammen mit den Akkayas, seine dritte Untersuchungshaft, sein dritter Prozeß.

Am Ende des Prozeßtages werden Bahçeci, die Geschwister Akkaya sowie weitere Angeklagte auf freien Fuß gesetzt. Der Prozeß dauert an. Gülten und Saadet machen wieder Musik. Mehrere neue Kassetten haben sie in der Zwischenzeit produziert. Sie gehen auf Tourneen in Anatolien. Die anatolische Volksmusik ist traurig, Lieder des Leidens und des Duldens. «Heute ist Besuchstag im Gefängnis. Von den Doppelfenstern kommt keine Stimme. Die Hoffnung der Gefangenen ist der Besuchstag», singen Gülten und Saadet in einem ihrer Lieder. Die Tage der Polizeihaft sind nicht verdrängt. «In der Zeitung steht, daß die Nazibetriebe, die ihre Zwangsarbeiter damals quälten, heute Entschädigungen zahlen müssen. Wie soll das Unrecht, das uns widerfuhr, abgegolten werden?» fragt die Mutter Ayten Akkaya.

Vorgeschichte einer Selbstverbrennung

Eine elende Baracke in einem Slumgebiet nahe dem modernen Einkaufszentrum Şişli in Istanbul. Die ganze Wohnzimmereinrichtung besteht aus drei Stühlen und einer Matratze. Feuchtigkeit hat die weiße Farbe von den Wänden abblättern lassen. Am Fenster hängen Gardinenfetzen. Einziger Schmuck der Wohnung: ein Poster der Istanbuler Fußballmannschaft Galatasaray.

Hier wohnt Münevver Sönmez, die im November 1988 für kurze Zeit das Interesse der türkischen Presse auf sich zog: «Familienangehörige der politischen Gefangenen hielten in den Räumen der Istanbuler Ärztekammer eine Pressekonferenz ab und forderten die Verbesserung der Haftbedingungen in den Gefängnissen. Während der Pressekonferenz versuchte die fünfzigjährige Münevver Sönmez, Mutter von fünf Kindern, sich selbst zu verbrennen. Ihr Sohn Erdoğan sitzt seit 1981 im Gefängnis. Münevver Sönmez wurde mit schweren Verbrennungen ins Krankenhaus eingeliefert», meldeten damals die türkischen Zeitungen.

Unter den schweigenden Blicken ihres Ehemannes Ali und ihres Sohnes Ercan spricht eine zornige Frau zu mir, die keine Scheu hat, die Erinnerung an die grausamen Szenen des 9. November wachzurufen. «Am Tag der Pressekonferenz stand ich morgens auf. Mein Mann und mein Sohn gingen zur Arbeit. Ich ging nach Mecidiyeköy. Dort habe ich eine Plastikflasche gekauft und sie mit Benzin füllen lassen. Der Verkäufer an der Tankstelle fragte mich, was ich mit soviel Benzin anstellen will. Ob es denn nicht für ein Feuerzeug sei. Nein, für meinen Sohn, habe ich gesagt. Mein Mann und mein Sohn sind Busfahrer. Ich brauche es zum Fleckenreinigen. Ich wikkelte die Flasche ein, damit sie niemand sehen konnte, und steckte sie in meine Handtasche. Ich ging zur Pressekonferenz und setzte mich. Ich sagte: ‹In welch erbärmlichem Zustand sind unsere Kinder. Was sitzt ihr hier rum und redet. Niemand weiß um unser Leid. Wir Kurden leiden tagtäglich unter der Unterdrückung. So wollen wir unsere Häuser anzünden, uns selbst verbrennen. Wenn ich schon nicht die Kraft habe, die Verhältnisse zu ändern, will ich die Kraft haben, mich zu töten. Schreiend lief ich auf die Straße.» Münevver Sönmez zündet das Streichholz und geht in Flammen auf. Ihr Sohn Ercan und ihr Ehemann Ali werfen sich auf sie und löschen das Feuer. Die rechte Hand des dreiundzwanzigjährigen Sohnes wird dabei ebenfalls schwer verbrannt.

Zielstrebig hat Münevver Sönmez ihre Selbstverbrennung vorbereitet. Niemand in der Familie wußte von ihrem Plan. Nur einer Nachbarin, die sie flüchtig kennt, hat sie mitgeteilt, was mit ihrer Asche geschehen soll: «Die Hälfte der Asche streut vor einem Gefängnis aus: für alle Gefangenen, nicht nur für uns Kurden, nicht nur für meinen Sohn. Überall werden die Herzen der Mütter durchbohrt. Die andere Hälfte streut vor der Tür von Özal und Kenan Evren aus. Weil sie, die Herrschenden, die Verantwortlichen sind.»

Münevver Sönmez wird am 9. November mit schweren Verbrennungen ins Istanbuler Krankenhaus Haseki eingeliefert. Während ihr am Krankenbett Serum injiziert wird, verhören sie Zivilpolizisten. «Du Hure, die sich immer noch für ihren Schweinesohn einsetzt», fährt sie ein Polizist an. Die Polizisten wollen sie aus dem Krankenbett wegzerren und fordern ihre Zwangseinweisung in die Psychiatrie. Es kommt zu Auseinandersetzungen zwischen den Ärzten und der Polizei. Münevver Sönmez entgeht der Zwangseinweisung. Ihr Ehemann nimmt sie mit nach Hause.

«Normal ist es, Gefangene mit Elektroschocks zu foltern, sie mit Knüppeln bis zur Bewußtlosigkeit zu schlagen, Kranken verschriebene Medikamente vorzuenthalten, um ihren schnellen Tod herbeizuführen. Aber wenn ich durch meine Tat nur Gehör für die erbärmlichen Haftbedingungen schaffen will, bin ich eine Verrückte», sagt Münevver. Sie ist als Anormale einzustufen: ein Fall für die Psychiatrie.

Die Familie Sönmez kommt aus dem kurdischen Dorf Mutu in der Provinz Tunceli. Im Jahr 1981, als nach dem Putsch der Militärs die Verfolgung mutmaßlicher Terroristen und Separatisten auf der Tagesordnung stand, begannen die Ereignisse, die der Familie entsetzliches Leid zufügen sollten.

Die Hochzeit des ältesten Sohnes Erdoğan, der als einziger in der Familie studiert hat, wird vorbereitet. Die Brautgeschenke sind gekauft. Doch die Hochzeit findet nicht statt. Eine Nachricht vom Nachbardorf Kırkmeşe trifft ein. Erdoğan ist im Haus des Onkels von Gendarmen angeschossen und mitgenommen worden. «Im Zuge der Operation der Sicherheitskräfte sind in einem Haus in Kırkmeşe zwei Separatisten tot, zwei Separatisten lebendig gefangengenommen worden», meldet der Rundfunk lapidar.

Die lebendig gefangengenommenen «Separatisten» sind Münevver Sönmez' Sohn Erdoğan und sein Freund Şamil Batmaz, der seit dieser Zeit querschnittsgelähmt ist. Erdoğan wird von Soldaten vor die Haustür gezerrt. Ein Offizier schießt ihm dort in den Fuß. Alle Menschen in dem Haus werden von den Soldaten verschleppt: der fünfundsiebzigjährige Großvater Mehmet Sönmez, seine Frau Pupuş, der Onkel Erdoğans, seine Frau und ihr sechs Monate altes Baby Derya. Zwei Monate sind sie eingesperrt, bis der Militärstaatsanwalt sie auf freien Fuß setzt. Gegen Şamil Batmaz und Erdoğan indes wird der Prozeß eröffnet. Erdoğan wird vorgeworfen, den beiden erschossenen «Terroristen» Unterschlupf gewährt zu haben. Er wird Opfer eines politischen Massenprozesses gegen die illegale kurdische Guerillaorganisation PKK.

Der Rechtsanwalt Necmettin Karaerkek aus Ankara gerät aus der Fassung, als ich ihn auf den Namen Sönmez anspreche. «Eines Tages kam ein Bauernjunge mit einem Packen Geldbündel zu mir in die Praxis nach Ankara. Er erzählte von kreischenden Kühen, die nicht mehr gemolken werden. Die ganze Familie sei verhaftet. Der Dorfvorsteher hatte dem Jungen im Dorf gesammeltes Geld zugesteckt. Sie dachten, ein Anwalt könne die Familie aus dem Gefängnis holen.» Der Anwalt zittert, als er über den letzten Prozeßtermin von Erdoğan berichtet. «Es lag Schnee in Erzincan, wo das Kriegsgericht gegen Erdoğan zusammentrat. Es war eisig kalt. Weil sie nur in ziviler Kleidung und nicht mit der Häftlingsuniform vor den Richter treten wollten und ihre Kleidung ihnen im Gefängnis weggenommen worden war, hatten die Angeklagten nur Unterwäsche an. Daraufhin schloß der Richter die Angeklagten vom Prozeß aus. Mit Gewehrkolbenschlägen der Soldaten wurden sie aus dem Saal geprügelt.»

Der Anwalt zeigt mir das amtliche Sitzungsprotokoll des Kriegsgerichtes Erzincan vom 26. März 1984. Ich traue meinen Augen nicht. «Der Rechtsanwalt bedauerte, daß die Angeklagten aus dem Gerichtssaal entfernt wurden, und sagte, daß die Gefängnisverwaltung, die den Gefangenen ihre Kleider vorenthält, verantwortlich für den Aufzug der Gefangenen sei. Durch diese Worte hat sich der Verteidiger der Preisung einer Straftat schuldig gemacht.» Der Anwalt wird vom Prozeß ausgeschlossen, das Gericht beschließt, Strafantrag gegen den Verteidiger zu stellen. «In Ankara hat mich dann der Militärstaatsanwalt vier Stunden in dieser Sache verhört. Zu einer Anklageerhebung ist es allerdings nicht gekommen.»

Die Anklageschrift gegen Erdoğan ist ein Konglomerat von Widersprüchen. Die von Erdoğan beherbergten «Terroristen» sollen einen Mord verübt haben. Die Terroristen werden von den Augenzeugen als bartlos beschrieben. Autopsieberichte und Fotos zeigen die in dem Dorf Kırkmeşe sechs Tage später erschossenen Menschen mit Vollbart. «Wie soll in sechs Tagen ein Vollbart wachsen? Wie soll mein Mandant diesen ‹Tätern› Unterschlupf gewährt haben?» fragt der Anwalt. Die Eingaben des Anwalts helfen nicht. Vom Prozeß ausgeschlossen, erhält Erdoğan Sönmez in seiner Zelle die Nachricht vom Urteil: lebenslängliche Haft.

Die Gefängnisstrafe Erdoğans bestimmt den Lebensalltag der Familie Sönmez. Wenige Male im Jahr können Vater und Mutter ihren Sohn besuchen. Münevver Sönmez berichtet über ihre Besuche in den Gefängnissen Elazığ und Diyarbakır: «Wir sind die Schlagstöcke gewohnt bei den Besuchstagen. Da kamen Mütter, die konnten kein Türkisch. Sie kamen aus Ağrı, Diyarbakır und Van. Sie können überhaupt kein Türkisch. Sie haben die Mütter an den Haaren weggezerrt und geschlagen, als sie kurdisch geredet haben. Ich wollte einmal kurdisch mit meinem Sohn sprechen. Was ist schon dabei. Es ist doch unsere Muttersprache. Sofort krallten sie meinen Sohn: ‹Steh auf, hör auf, rede nicht.› Mich zerrten sie auch weg. ‹Hör auf, Tante.› Was ist schon dabei, ein paar Worte zu wechseln. Sie schlugen auf meinen Sohn ein, ließen uns nicht miteinander sprechen. Ich schlug meinen Kopf an den Gefängnisdraht: Hätte ich doch bloß nicht kurdisch geredet. So habe ich weder mit meinem Sohn sprechen noch ihn richtig sehen können.»

Auch in ihrem Dorf widerfährt der Familie nach der Verhaftung des Sohnes Terroristenbehandlung. Der jüngere Sohn Ercan wird mehrfach von Soldaten weggebracht – ohne Haftbefehl, ohne anschließende Anklageerhebung. Bei den Kommunalwahlen im Frühjahr 1984 kandidiert der Vater für die Sozialdemokraten in Pülümür. Am Wahltag wird der Sohn Ercan auf die Wache gezerrt. Er wird tagelang dort festgehalten und gefoltert. Sippenhaft. Notgedrungen muß die Familie Haus und Hof in ihrer kurdischen Heimat verlassen und lebt seit fünf Jahren in Istanbul. «Die Möbel, den Kühlschrank, unser ganzes Hab und Gut haben wir nach diesen Ereignissen dort gelassen und sind nach Istanbul geflüchtet. Nur aus einem Grund. Ercan soll nicht so enden wie sein älterer Bruder, aus dem sie einen Terroristen gemacht haben», sagt Münevver. «Gottlob gehört mir dieses kleine Haus in Istanbul, und ich habe Arbeit als Fahrer für eine Fabrik», merkt ihr Ehemann an. Barsch unterbricht ihn seine Frau. «Warum lügst du? Nachdem mein Foto in der Presse war, haben sie dich doch entlassen.»

Manche Ereignisse wollen Münevver nicht aus dem Kopf gehen. So das wichtigste religiöse Fest, das Opferfest, im Jahr 1988. Der Minister hatte im Fernsehen angekündigt, daß während des Opferfestes Familienangehörige ganztägig die Gefangenen besuchen könnten. Tausende harrten in der glühenden Sonne vor den Toren des berüchtigten Gefängnisses Diyarbakır aus und begehrten Einlaß. «Uns Frauen stießen sie rein. Meine Schwester aus Deutschland war mit ihren Kindern gekommen, um ihren Neffen zu besuchen. Meine Schwester mag meinen Sohn sehr. Sie stießen die Frauen rein, die Männer blieben draußen. Sie sagten, zuerst sollen die Frauen rein, dann die Männer. Wir wurden zusammengetrieben. Ein Baby in den Armen einer Frau wurde erdrückt. Das Kind starb. Meine Schwester aus Deutschland war wutentbrannt und schrie: ‹Was ist das für ein Land? Was ist das für eine Gerechtigkeit? Kinder werden in den Tod geschickt.› Ich sagte: ‹Schwester schrei nicht, sie werden uns sonst schlagen.›»

Ich besuche Münevver Sönmez' Schwester Cemile in Frankfurt. Seit über siebzehn Jahren lebt Cemile in Deutschland. Sie wohnt mit ihrem Ehemann und den Kindern in einer Wohnung der Neuen Heimat. Nur eines erinnert hier an die elende Baracke ihrer Schwester in Istanbul: das Poster der Fußballmannschaft Galatasaray. Cemile schließt eine Schublade des Wohnzimmerschrankes auf, um mir das Lehrerdiplom Erdoğans zu zeigen. Sie war wie eine zweite Mutter für ihren Neffen. «Erdoğan mag mich so sehr, daß ich seine Hochzeit 1981 vorbereitete. Es sollte ein großes Fest werden. Mein Sohn Turgay war acht, Erdoğan 23 Jahre alt. Turgays Beschneidungszeremonie sollte mit Erdoğans Heirat gemeinsam gefeiert werden. Als Erdoğan dreizehn Jahre alt war, wollte ich ihn nach Deutschland holen. Aber er war so gut in der türkischen Schule, daß wir ihn dort gelassen haben.» Jedes Jahr bei Besuchstagen fährt Cemile in die Türkei, um ihren Neffen zu sehen. Wenige Male schaffte sie es, ins Gefängnis zu kommen. So beim Opferfest 1988 in Diyarbakır.

«Füllfederhalter, Schokolade und Pullover habe ich für Erdoğan mitgenommen. Vor dem Tor lachten mich die anderen Frauen aus. Du darfst keine Geschenke mit reinnehmen, sagten sie.» Cemile mußte ihre eigenen Erfahrungen mit türkischen Gefängnissen machen. «Sie geben ihnen kein richtiges Essen, sie sollen keine Vitamine kriegen. Einmal waren wir im Hof des Gefängnisses und redeten mit einem Polizisten. Der Polizist sagte, sie sind dem Tod geweiht. Sie dürfen keine Vitamine kriegen, damit sie sterben, sagte der Polizist. Sollen wir die denn auch noch mit Vitaminen füttern, damit sie überleben? Sollen die doch sterben, daß andere ins Gefängnis kommen, sagte der Polizist. Die Gerechtigkeit nimmt in der Türkei so ihren Lauf. Diese Polizisten foltern, sie sind wie Ungeheuer. So wie an einem Ungeheuer klebt Blut an ihnen.»

Während des Opferfestes sieht Cemile zum erstenmal die Zelle, die Erdoğan mit einem Mithäftling bewohnt. «Sein Kopfkissen liegt direkt an der Toilette. Ein Vorhang ist zur Toilette gespannt. Ich habe gefragt, wie sie es bei dem Gestank aushalten. ‹Tante›, sagte er, ‹wenn du den früheren Zustand nur gesehen hättest. Die Ratten stiegen des Nachts aus dem Toilettenloch raus. Bis zum Morgen kämpften wir mit ihnen. Wir haben uns gegen die Gefängnisleitung gewehrt und konnten durchsetzen, daß wir das Loch mit einem Stoffbündel zumachen dürfen. Wir stopfen das Bündel rein, damit der Geruch und die Ratten fernbleiben.› Wie kann ein Mensch in diesen Zellen leben? Selbst ein Tier kann das nicht. Als ich im Dorf war, lebten noch nicht einmal Tiere auf so engem Raum.»

Während Cemile und ihre Schwester Münevver Erdoğan besuchen, hören sie dumpfe Geräusche auf dem Gefängnisdach. Erst später werden sie den Grund begreifen. Die nicht eingelassenen Familienangehörigen werden vor dem Gefängnistor mit Schüssen auseinandergetrieben. Vergeblich sucht Cemile draußen nach ihrem fünfzehnjährigen Sohn Turgay. Turgay ist unter den 500 Personen, die von der Polizei mitgenommen wurden.

Turgay ist in Frankfurt geboren, geht zur Gesamtschule und kickt in der Jugendliga. Wie die ganze Familie ist er Fan der Istanbuler Elf Galatasaray. Doch ansonsten interessiert er sich nicht für die Türkei und ebensowenig für Politik. Alle Wände seiner kleinen Bude sind mit Bravo-Postern vollgeklebt. Er ist stolz auf seine Musikanlage mit CD-Player, die ihm die Eltern geschenkt haben. Turgays Welt ist die eines Jugendlichen in Deutschland. Über die Ereignisse, die ihm im Sommer in Diyarbakır widerfuhren, ist er noch Monate später völlig verstört.

«Ich stand vor dem Gefängnis. Dort waren viele Leute, die haben rumgeschrien. Die wollten auch rein, ihre Besuche machen. Aber das ging nicht, weil die Soldaten sie nicht reingelassen haben, weil schon die Frauen drin waren. Dann haben sie langsam angefangen abzuräumen. Die Leute sollten weggehen. Die haben aber noch lauter geschrien. Da fing die Polizei an, mit ihren Stöcken auf sie loszuhauen. Und die anderen haben sich gewehrt. Haben mit Steinen zurückgeschmissen. Dann kamen immer mehr Polizisten dazu, und Soldaten haben eingegriffen. Und alle gerieten in Panik und sind abgehauen.»

Turgay wird festgenommen und ohne Haftbefehl sieben Tage in einem Folterzentrum in Diyarbakır festgehalten. Seine Mutter sucht vergeblich nach seinem Aufenthaltsort: «Ich bin sofort zum Polizeipräsidenten gegangen. Er leugnete, daß Turgay dort war. Wir sind zur Polizei gegangen. Sie leugnen. Wir gehen zur Gendarmerie. Sie leugnen ebenfalls. In diesem Augenblick bekam ich große Angst. Ich dachte, sie haben mein Kind erschossen.»

Turgay erlebt unterdessen die Zustände auf der Wache in Diyarbakır: «In den ersten Tagen haben die nichts gemacht. Dann fing es an. So ab zwölf Uhr abends oder elf Uhr. Ich habe es irgendwie mitgekriegt, die Uhrzeit. Dann habe ich immer zugehört, wie sie die Leute gefoltert haben. Ich meine vom Geräusch her, das erkennt man voll. Wie die Leute geschrien haben. ‹Hilfe, Hilfe, bitte laßt mich in Ruhe› und so weiter. Einmal habe ich was Schlimmes erlebt, das kann ich heute immer noch nicht vergessen. So einen Typ haben sie gefoltert. Aber so richtig gefoltert. Haben sie an die Wand gehängt. Die haben die Leute so an die Wand gehängt, wie Jesus. So richtig an die Wand gehängt, mit dem Seil festgebunden an die Wand. An die Fingernägel, ans Gesicht und das Geschlecht von dem Mann, das Geschlechtsorgan, haben sie Strom gemacht. Der Typ hat ganz laut geschrien, und damit es keiner hört, haben sie die Türen zugeknallt.»

Turgay selbst wird nicht gefoltert. Zu offenkundig ist es für die Polizisten, daß der Junge, der besser deutsch als türkisch spricht, völlig grundlos einsitzt. Statt Folter am eigenen Leib erfährt Turgay, welche Projektionen die Folterpolizisten mit Deutschland verbinden: «Die haben mich gefragt, hast du Mädchen angemacht. Da gibt es doch schöne Blondinen und so weiter. Ja, habe ich gesagt, es gibt schon schöne Mädchen. Ihr habt es gut, schöne Blondinen gibt es dort. Wir müssen hier arbeiten und so weiter. Ich war der einzige, der aus Deutschland kam. Mir haben die nichts getan, nicht gefoltert.»

Nach den Schreckenserlebnissen in Diyarbakır kehrt Turgay mit seiner Mutter nach Deutschland zurück. Welten trennen ihn von seinem Cousin Erdoğan, der, zu lebenslänglich verurteilt, im Gefängnis Diyarbakır einsitzt. Seinen gleichaltrigen deutschen Freunden hat Turgay nicht von seinen Erlebnissen erzählt. Aus Angst, sie könnten ihm nicht glauben und ihn auslachen. Seine alte Klassenlehrerin, die heute in Pension ist und ihm Nachhilfe erteilt, gehört zu den wenigen Vertrauenspersonen, denen er sich öffnete: «Da war noch meine Nachhilfelehrerin, eine Deutsche. Der habe ich was erzählt. Die hat früher schon mal so etwas gehört, aber sie hat nicht geglaubt, daß man in der Türkei foltert oder so. Foltert und daß man die Typen schlägt und so weiter. Die hat das nicht geglaubt. Und als ich das erzählt habe, hat sie gesagt, das glaub ich nicht, so etwas gibt es doch nicht. Das gibt es doch nirgendwo. Dann habe ich ihr erklärt, wie das so ist. Dann hat sie angefangen zu glauben und so. Wenn du mir das nicht erzählt hättest, hätte ich mein Leben lang nicht geglaubt, daß man in der Türkei foltert. Und die Frau fuhr öfters in die Türkei in Urlaub.»

Die Schüsse vom 1. Mai

«Das kann nicht wahr sein, das ist nicht wahr. Die sind verrückt geworden», schreit ein Mann mich an, als wir, den dumpfen Geräuschen entgegen, die Tarlabaşı-Straße hinunterlaufen. Wir erblicken Hunderte von Demonstranten, die in panischer Angst in Richtung des Goldenen Hornes laufen. Ein Zivilpolizist in weißem Hemd und einer zerschlissenen blauen Jacke hat sich auf einer Anhöhe postiert. Er zielt mit seiner Pistole auf die Flüchtenden. Mehrere Uniformierte tun es ihm nach. Ein Demonstrant geht zu Boden. Blut. Scharen von Pressefotografen fotografieren den Mörder und sein Opfer. Der achtzehnjährige Tischlerlehrling Mehmet A. Dalcı ist tot. «Laßt diesen Kommunisten verrecken», sind die Worte des Schützen, nachdem er Dalcı zu Boden gestreckt hat. Die Begleitmusik liefert der Polizeifunk: «Habt kein Erbarmen mit den Demonstranten.»

Erinnerungen an den 1. Mai 1989 in Istanbul: die Todesangst vor den Wächtern, denen man mit Nägeln versetzte Dachlatten gegeben hatte. Die Wasserwerfer, die Maschinenpistolen, die Gummiknüppel hatten nicht ausgereicht. Das Panorama vor dem Istanbuler Nobelhotel Marmara Etap – der Taksim-Platz als Schlachtfeld; geschundene und geschlagene Menschen werden zum Abtransport in Busse gestoßen. Die Istiklal caddesi, die Straße der Freiheit: Schuhe, Transparente und Damenhandtaschen bedecken weiträumig den schwarzen Asphalt. Die Gewalt von 18000 Soldaten und 18000 Polizisten, die die Staatsmacht am 1. Mai 1989 einsetzte, diente nur einem Zweck: zu verhindern, daß Arbeiter mit einer friedlichen Kundgebung den 1. Mai feiern.

Mit dem Erstarken der türkischen Arbeiterbewegung wurden in den siebziger Jahren in Istanbul Massendemonstrationen zum 1. Mai zu einer festen Einrichtung. Hunderttausende Arbeiter folgten 1976 dem Aufruf der linken Gewerkschaftskonföderation DISK, auf dem Taksim-Platz zu demonstrieren. Schon damals erregten die Demonstrationen das Mißfallen der Mächtigen. 1977 endet die Kundgebung der DISK in einem Massaker. Scharfschützen – mutmaßlich Provokateure des Geheimdienstes – schießen in die Menge. 37 Tote sind zu beklagen. Nach dem Militärputsch 1980 wird die DISK verboten. Panzeraufgebote bestimmen von nun an am 1. Mai das Bild auf Istanbuls Plätzen. Der 1. Mai, einst als «Blumen- und Frühlingsfest» zum gesetzlichen Feiertag erklärt, wird Werktag. Man verspricht sich an einem Werktag mehr Ruhe und Ordnung. Auch unter der zivilen Regierung Turgut Özal werden alle Kundgebungen zum 1. Mai verboten.

Einen Tag nach dem blutigen 1. Mai 1989 wird Bilanz gezogen. «Die Polizei schoß mit Kugeln auf Demonstranten. Brecht diese Hände, die abgedrückt haben», lautet die Schlagzeile der auflagenstärksten türkischen Tageszeitung *Hürriyet*, die das Foto eines schießenden Zivilpolizisten auf Seite 1 plaziert hat. Unbeeindruckt von der Pressekritik rechtfertigen Staat und Justiz den blutigen Einsatz. Der Istanbuler Polizeipräsident Hamdi Ardalı rühmt sich, verhindert zu haben, daß «rote Fahnen auf dem Taksim-Platz wehen». «Bei solchen Geschichten gibt es halt Tote und Verletzte», kommentiert Ministerpräsident Turgut Özal das Geschehen. «Schauen Sie sich Israel und Korea an. Auch dort wird geprügelt. Als ich Frankreich besuchte, demonstrierte dort eine linksextreme Gruppe. Die Polizei hat sie sehr schön verprügelt.» Der stellvertretende Vorsitzende der regierenden Mutterlandspartei, Galip Demirel, findet gar eine historische Begründung für den Polizeieinsatz: «Sultan Mehmet der Eroberer hat folgendes Gesetz erlassen: ‹Im Interesse der öffentlichen Ordnung ist der Brudermord heilig.› Er hat gut daran getan. Das heißt, im Interesse des Staates ist das Töten des

Bruders gerechtfertigt und richtig, wie ein Befehl Allahs. Im Interesse der öffentlichen Ordnung ist alles erlaubt. Wenn der eigene Bruder sich gegen die öffentliche Ordnung auflehnt, darf er getötet werden.» Die Erfolgsbilanz der Polizei ist beeindruckend. Die Präfektur Istanbul meldet 533 Festnahmen.

Monate später habe ich achtzehn Menschen, die sich am 1. Mai gegen die öffentliche Ordnung auflehnten, kennengelernt – bei einer Verhandlung vor dem Staatssicherheitsgericht, zuständig nur für «Verbrechen gegen den Staat». Angeklagt waren nicht die Mörder von Mehmet Dalcı, nicht diejenigen, die mit Waffen auf Unbewaffnete geschossen hatten. Vor Gericht standen Demonstranten. Nur gegen achtzehn Personen, willkürlich ausgewählt unter den 533 Festgenommenen, erhob der Staatsanwalt Anklage.

Die gewohnte Prozedur zu Anfang der Verhandlung – Feststellung der Personalien: «Özcan Beltek, Sohn von Mustafa und Fatma, am 21. 10. 1975 geboren in Inebolu, ledig, arbeitet in einem Elektrogeschäft.» Ein Junge steht auf. «Gib mir deinen Personalausweis», sagt der Richter. «Das ist ja noch ein Kind», flüstert er in Richtung Staatsanwalt. Kopfnicken. «Es wurde festgestellt, daß der Angeklagte jünger als fünfzehn Jahre ist.» Sein Verfahren soll vor einem anderen Gericht weitergeführt werden. «Mein Sohn. Dein Verfahren ist an einem anderen Tag. Geh jetzt nach Hause», sagt der Richter.

Das Kind hat zwei Kugeln im linken Bein, abgefeuert am 1. Mai. Sie müssen noch herausoperiert werden. Der Ankläger fordert für das Kind wegen «Verstoßes gegen das Demonstrationsgesetz» eine Gefängnisstrafe von drei Jahren. Das Kind hat bereits zwei Monate Untersuchungshaft hinter sich – im Gefängnis Sağmalcılar, wo die politischen Gefangenen einsitzen. Eine Rechtsanwältin, auf Mandantenbesuch im Gefängnis Sağmalcılar, wurde dort durch Zufall auf Özcan Beltek aufmerksam. Ihr erzählte er seine Geschichte. Sie machte seinen Fall publik.

«Ich war am 1. Mai in unserem Elektrikerladen. Ich war neugierig auf die Ereignisse draußen und lief raus. Ich war plötzlich unter einer Gruppe, die Transparente hielt. Die Polizei schoß hinter uns her. Ich hatte Angst und lief weg. An meinem Bein wurde ich angeschossen. Zehn bis fünfzehn Minuten kümmerte sich niemand um mich. Ein junges Mädchen nahm mich dann in die Arme und brachte mich zu einem Taxi. Später wurden wir von Polizisten mit Maschinenpistolen angehalten. Sie verprügelten den Taxifahrer. Sie schlugen auf das Mädchen und mich ein und zerrten uns in einen Polizeiwagen. Auf mein verletztes Bein haben sie immer wieder draufgeschlagen.»

Während der Verhandlungspause zeige ich Özcan in der Teestube des Gerichtsgebäudes ein Foto. Im Vordergrund ein Mann, der von Zivilpolizisten zu Boden geschlagen wird. Im Hintergrund Polizisten, die auf einen kleinen Jungen einschlagen. Das Gesicht ist allerdings nicht erkennbar. «Bist du das?» frage ich Özcan. «Nein, aber den Onkel vorne kenne ich. Im Haseki-Krankenhaus habe ich ihn kennengelernt. Er hatte auch Kugeln im Bein. Er war sehr gut zu mir.»

Die Mitangeklagten Özcans sind junge Leute, kaum einer älter als 25. Einigen von ihnen wird nicht nur ein Verstoß gegen das Demonstrationsgesetz vorgeworfen, sondern auch, nach Artikel 168, die Zugehörigkeit zu einer «illegalen Organisation» oder «Bande». Zehn Jahre Gefängnis ist das Strafmaß. In einer Tasche wurden nämlich Flugblätter der TDKP, der «Revolutionären Kommunistischen Partei der Türkei», gefunden. Gelangweilt zieht der beisitzende Richter an seinem Rosenkranz, als die Angeklagten der Reihe nach ihre Aussagen zu den Anklagepunkten machen. Übliches, Gewohntes. Folter nach der Festnahme bei der politischen Polizei. Bekenntnisse zum 1. Mai, Politerklärungen. Aufgeregt, mit vielen Versprechern, verliest der siebzehnjährige Soner Karan seine Aussage, die er auf ein paar Blättern aufgeschrieben hat. Seine Hand zittert zu Beginn. «Ich bin Arbeiter. Zwei Finger habe ich mit vierzehn bei einem Arbeitsunfall verloren.» Kurzbiographie, Umstände der Festnahme, Folter, Schlußerklärung. «Ich habe nichts mit der Revolutionären Kommunistischen Partei der Türkei zu tun. Ich habe keine rote Fahne getragen.»

«In der Schule haben sie uns immer gelehrt, daß die Gerichte unabhängig sind», erklärt die Studentin Figen Oral, die seit dem 1. Mai in Untersuchungshaft sitzt. «Die politische Polizei hat mich eines Besseren belehrt. Als ich dem Haftrichter vorgeführt wurde, sagten die Polizisten, daß gegen mich Haftbefehl ausgestellt werden soll. Sie haben offensichtlich mehr zu sagen als das Gericht. Das Schulwissen über die Unabhängigkeit der Gerichte stimmt nicht.» Detailliert schildert sie ihre Erlebnisse am 1. Mai: die Schüsse, die auf sie abgegeben wurden, ihre Flucht, ihre Festnahme – an den Haaren wird sie in den Gefangenentransporter gezerrt –, die Elektroschocks bei der politischen Polizei. Der beisitzende Richter gähnt. Die langen, beeindruckenden Ausführungen werden nur mit ein paar Sätzen im Gerichtsprotokoll vermerkt. Und selbst die sind nicht ganz korrekt. «Die Angeklagte sagte, daß sie an die Unabhängigkeit der Gerichte glaubt. Sie sagte, daß sie keiner illegalen Organisation angehört», gibt der Richter zu Protokoll.

Ende des Prozeßtages. Alle Angeklagten, die noch in U-Haft sind, werden auf freien Fuß gesetzt. Der Prozeß wird fortgeführt. Er wird Monate in Anspruch nehmen. Möglichen skandalträchtigen Schlagzeilen in der türkischen Presse jedoch ist vorgebeugt: Kein vierzehnjähriger Özcan Beltek, der weiter mit Polizeikugeln im Körper im Gefängnis sitzt. Keiner der Demonstranten ist mehr in Haft. Die Justiz zeigt sich milde, nachdem die Staatsgewalt brutal ihre Macht demonstriert hat.

Bis zum 1. Mai 1989 war Özcan Beltek nicht an Politik interessiert. Mit Mühe und Not hat er die Grundschule absolviert. «Lesen und schreiben lag mir eben nicht», sagt Özcan. In Hasköy, einem Armenviertel an der Peripherie Istanbuls, haben Özcans Eltern für 125 000 Türkische Lira eine Baracke angemietet. Mit ihren vier Kindern leben sie hier in zwei Räumen. Als Özcan noch im Babyalter war, kam die Familie aus der Schwarzmeerregion nach Istanbul. Der Grund und Boden in der Heimat ernährte sie nicht. Doch Istanbul – unter seinem Pflaster soll Gold liegen, behauptet der Volksmund – brachte den Belteks kein Glück. Jahrelang arbeitete Özcans Vater als Packer. 1987 begann er, sich sein Brot als Elektriker zu verdienen. Ein winziger Laden an der Tarlabaşı-Straße wurde angemietet. Der Vater machte Kundenbesuche, Özcan blieb im Laden. Sein Leben glich dem Alltag Zehntausender arbeitender Kinder in Istanbul: werktags arbeiten und anschließend fernsehen. An den Wochenenden wird Fußball gespielt, man besucht Verwandte, und im Sommer gehen die Jugendlichen an einem der verseuchten Strände Istanbuls baden.

Wir sitzen in der Wohnung von Özcans Tante Behice Akçasan und trinken gemeinsam Tee. Özcan fühlt sich wohl hier, er hat seine Tante sehr gern. Er bekommt häufig Geschenke von ihr, und sie war auch seine größte Stütze während des Krankenhausaufenthalts und der Untersuchungshaft. Behice hat früher als Schneiderin gearbeitet und dann jahrelang allein einen Jeansladen geführt. Mit dem Ersparten hat sie die Wohnung in einem der Wohnblocks am Rande der Stadtautobahn gekauft. Im Gegensatz zu Özcans Eltern, die ihrer bäuerlichen Herkunft verbunden blieben, gelang ihr in Istanbul ein bescheidener sozialer Aufstieg.

Ich bin gekommen, um Özcans Geschichte zu erfahren. Aufgeregt erzählt der Junge über seine Erlebnisse am 1. Mai: «Onkel, da waren Helikopter, und die Polizisten schossen. Da lag der Tote. Und wir sind gerannt und gerannt. Ich habe die Schuhe ausgezogen. Der Schnürsenkel war aufgegangen. Weißt du, Onkel, ich hatte keine Zeit, den Schnürsenkel zuzubinden. Da war ein flüchtender Mann. Ein Minibus hat ihn angefahren. Weißt du, Onkel, der Mann ist sofort aufgestanden und weitergerannt. Also du wirst angefahren, stehst auf und fängst sofort wieder zu rennen an.» Nahe der Fähranlegestelle wird Özcan von Polizeikugeln ins Bein getroffen. Er liegt am Boden, bis sich eine junge Demonstrantin seiner annimmt und ihn zu einem Taxi trägt. Özcan hat Pech. Das Taxi wird von der Polizei angehalten. Seine Retterin und er werden auf der Straße verprügelt, bevor sie – wie Hunderte anderer Verletzter – ins Haseki-Krankenhaus eingeliefert werden.

Trotz polizeilicher Kontrolle kann Özcan im Krankenhaus einem Pfleger die Telefonnummer seiner Tante Behice zustecken. «Ich habe Özcan auf einem Bett im Korridor des Krankenhauses gesehen. Dort lagen noch mehr Verletzte. Ein Dutzend Polizisten in Uniform und Zivil hatten einen Kreis um sie gebildet. Neben Özcan lag ein junger Mann namens Elvan. Zwei Schüsse hatten seinen Schenkel durchlöchert. Die Freude Özcans war ungeheuer, als er mich sah. Abwechselnd weinte und lachte er», berichtet Behice. Özcans Tante ist eine selbstbewußte Frau, die nicht so leicht den Mut verliert. Sie steht auf und zeigt mir, wie sie die Polizisten beiseite schob, um zu Özcans Bett zu gelangen. «Wo gibt es sonst auf der Welt so etwas? Befehlen die Gesetze, daß Polizisten auf kleine Kinder schießen? Sollen wir jetzt unseren kleinen Kindern Waffen geben, damit sie sich gegen schießwütige Polizisten verteidigen?» Behice wird festgenommen und verhört. Sie soll verraten, wer ihr den Namen des Krankenhauses mitteilte. Doch sie läßt sich nicht einschüchtern. «Wir bezahlen euch mit unseren Steuern, habe ich den Polizisten gesagt.» Nach mehreren Stunden in Polizeigewahrsam wird Behice freigelassen. Es folgen zwei Wochen am Krankenbett Özcans. Nachts bleibt Özcans Mutter bei dem Jungen, tagsüber Behice.

Özcan wird am 15. Mai aus dem Krankenhaus entlassen. Die Kugeln können erst zu einem späteren Zeitpunkt herausoperiert werden. Er wird dem Staatsanwalt des Staatssicherheitsgerichtes vorgeführt und auf freien Fuß gesetzt. Gegen Elvan, den jungen Mann mit Kugelverletzungen im Schenkel, mit dem sich Özcan im Krankenhaus angefreundet hat, wird Haftbefehl erlassen. Doch auch Özcans Freiheit ist nur von kurzer Dauer. «Es war am 17. Mai, mitten in der Nacht. Fünfzehn Männer in schwarzen, kugelsicheren Westen und mit Maschinenpistolen bewaffnet drangen in meine Wohnung ein», berichtet Behice. Einen Durchsuchungsbefehl zeigen die Polizisten nicht. «Özcan schlief. Sie haben ihn geweckt und weggebracht. Wenigstens erlaubten sie ihm, seine Krücken mitzunehmen.» Drei Renaults und zwei Minibusse warten vor der Tür. Özcan wird Augenzeuge nächtlicher «Operationen der Sicherheitskräfte». Das Polizeikommando überfällt Wohnungen und Studentenwohnheime, ein Dutzend Personen werden in den Minibussen abtransportiert – zur Abteilung 1 des Polizeipräsidiums Istanbul, der politischen Polizei.

Irgendwann in dieser Nacht schläft Özcan in einer bettlosen, dunklen Zelle ein. Vier Tage verbringt er in den Kellergemäuern des Präsidiums. «Es stinkt nach Kloake in den kleinen Zellen. Ratten laufen dort rum», sagt Özcan. Er macht Bekanntschaft mit den Verhörmethoden der politischen Polizei. «Der Kommissar hat geschrien: ‹Wir werden dir schon die Knochen brechen, wenn du nicht die Wahrheit sagst.›» Zum erstenmal in seinem Leben sieht der Junge Gefolterte. «Da war ein Mädchen, Onkel, sie hatten sie ganz schlimm zugerichtet.» Nach vier Tagen wird Özcan dem Staatsanwalt vorgeführt: Haftbefehl. «Aus der Fotografie in Anhang 7/1 und seiner Identifizierung auf der Fotografie geht hervor, daß der Angeklagte sich an den 1.-Mai-Demonstrationen beteiligte», heißt es später in der Anklageschrift – Aktenzeichen 1989/265 –, in der drei Jahre Gefängnis für den Jungen gefordert werden.

Die Pressefotografen vor dem Staatssicherheitsgericht warten am 22. Mai umsonst darauf, die angeklagten Demonstranten zu fotografieren. Durch die Hintertür wird Özcan mit sieben weiteren Inhaftierten angekettet zum Gefangenentransporter gebracht und zum Gefängnis Sağmalcılar (Bayrampąsa) gefahren: reguläre Untersuchungshaft. «Ich weinte, als ich zum Gefängnis gefahren wurde», erzählt Özcan. Per Zufall gerät er in die Zelle der politischen Häftlinge. «Alle, die von der Staatsanwaltschaft zum Gefängnis kamen, haben gesagt, daß sie in den linken Block wollen. So habe ich auch gesagt, daß ich in den linken Block will. Wir kamen alle in die Zelle C-6.»

«Zuerst hatte ich große Angst vor diesen Leuten», sagt Özcan. «Doch mit der Zeit habe ich mich an sie gewöhnt. Sie waren sehr lieb zu mir.» Seiner Tante hat Özcan erzählt, daß er die ersten Nächte im Gefängnis nur durchgeweint hat. Mir will er derlei nicht erzählen. «Wir hatten einen Sprecher. Nail hieß er. Rumgelungert wurde nicht. Um acht Uhr morgens wurde Gymnastik gemacht. Dann das Frühstück. Dann lesen. Volleyballspielen. Sie haben mir auch ein Buch gegeben. Es handelte von den Foltermethoden bei der politischen Polizei.» Zum erstenmal in seinem Leben liest Özcan

Beltek ein Buch. Seine Mithäftlinge versuchen, ihn über die Bedeutung des 1. Mai aufzuklären. «Von Chicago in Amerika, von kämpfenden Arbeitern war die Rede», sagt Özcan. Im Gefängnis beginnt Özcan, Tageszeitungen zu lesen. Erstmals hört er hier die Namen illegaler linker Organisationen – Halkın Kurtuluşu (Befreiung des Volkes), Devrimci Sol (Revolutionäre Linke), Devrimci Yol (Revolutionärer Weg). Lachend erzählt er von einem Volleyballspiel im Gefängnishof. «Die Revolutionäre Einheit spielte gegen die Revolutionäre Linke. Beide wollten mich in ihre Mannschaft aufnehmen. Sie einigten sich darauf, eine Münze zu werfen. Die Revolutionäre Einheit gewann, so spielte ich in ihrer Mannschaft.» Özcan ist stolz. «Wenn ich mich ohne das Werfen einer Münze für eine Mannschaft entschieden hätte, wären die anderen beleidigt gewesen, nicht wahr, Onkel.»

Über einen Monat verbringt Özcan im Gefängnis Sağmalcılar. Lehrzeit: Heute weiß er, was der Unterschied zwischen einem Staatsanwalt und einem Richter ist, selbst abstrakte Begriffe wie Justiz und Staat sind ihm nicht fremd. Zu seiner Entlassung veranstalten die Mitgefangenen eine große Feier. «Es war ein Fest. Alle sangen im Hof 1.-Mai-Lieder und klatschten. Sie hatten mir ein festliches Essen gekocht. Ich war der erste unter den 1.-Mai-Häftlingen, der entlassen wurde.» Özcan, der über Wochen hinweg das Maskottchen der politischen Gefangenen war und schließlich mit Fotos und Artikeln in der türkischen Presse Berühmtheit erlangte, hat seine Rolle selbstbewußt gespielt. «Natürlich», sagt er, «natürlich habe ich bei soviel Applaus im Gefängnishof zum Abschluß das Victory-Zeichen gemacht.»

Özcans Vater hat nach dem 1. Mai und während Özcans Gefängnisaufenthalt viel getrunken. Der kleine Elektrikerladen an der Tarlabaşı mußte geschlossen werden. Özcan hat eine neue Arbeit an einer Drehbank gefunden. 200 000 Türkische Lira verdient er jetzt. Der Staat, dessen Beamte ihm zwei Kugeln in die Beine schossen, kommt nicht für seine Operation auf. Wie nahezu alle arbeitenden Kinder ist Özcan nicht kranken- und sozialversichert. Berliner Freunde, die von seinem Fall hörten, bezahlten die Operation. Sein

Prozeß – nunmehr nicht vor dem Staatssicherheitsgericht – wird noch mindestens ein halbes Jahr in Anspruch nehmen. «Wenn Polizisten auf kleine Kinder schießen, soll der Staat doch mindestens für die Operation aufkommen», klagt Behice. Ich erinnere sie an die Worte Galip Demirels: «Im Interesse der öffentlichen Ordnung ist alles erlaubt.» Sie gerät in Wut, doch Özcan fährt ihr ins Wort: «Laß nur, Tante, laß. Ich werde zu jedem Gerichtstermin gehen. Und zum Schluß – das sage ich dir – wird sich der Richter schämen müssen und mich um Entschuldigung bitten.»

Kurdenkrieg

Ein verrauchter, dunkler Kellerraum mit kleinen vergitterten Fenstern. Rund fünfzig Jugendliche hocken vor dem Fernseher. Ein Videofilm läuft. Gegen neun Uhr abends wird «Jugendvideo» – so heißt der Kinoersatz in der kurdischen Stadt Şırnak – dichtgemacht. Die Kundschaft geht nach Hause. Kurze Zeit darauf werden die eisernen Rolläden der Geschäfte heruntergelassen. Scharfschützen, die sich im städtischen Park auf einer Anhöhe hinter Wällen postieren, vertreiben die letzten Fußgänger. Um kurz vor zehn fahren die letzten Fahrzeuge – ein Militärkonvoi – die Hauptverkehrsstraße entlang. Hinter Sandsäcken versteckt und die Maschinengewehre auf Bürgersteig und Häuserfronten gerichtet, hocken die türkischen Soldaten auf den Militärlastern. Wenn die Dunkelheit in Şırnak einbricht, sind die Straßen leergefegt. Selbst die Anti-Guerilla-Einheiten der türkischen Armee haben sich zurückgezogen. 1989 wurde eigens für sie ein sechsstöckiges Gebäude fertiggestellt. Doch das höchste Gebäude der Stadt ist jetzt düster und leer. Nachts geht die Truppe in den Bunker.

Die Stille wird in der Nacht jäh unterbrochen: Maschinengewehrsalven, explodierende Handgranaten, Raketengeschosse und Leuchtkugeln. Eine entlaufene Kuh blökt auf der Hauptstraße. «Wenn das so weitergeht, werden demnächst auch Kühe in Şırnak erschossen», scherzt der Hoteljunge. Menschen werden ohnehin erschossen. «Hoffentlich gibt es nicht soviel Tote», meint ein türkischer Journalist. «Mein Chefredakteur hat mir gestern am Telefon gesagt, daß ich unter zwei Toten nichts mehr zu melden brauche.» In Şırnak, am Fuße des gewaltigen Cudi-Massivs gelegen, herrscht Krieg – Bürgerkrieg.

Es begann im Jahr 1984. Der 15. August 1984 ist jedermann in Şırnak in lebendiger Erinnerung. In der Nachbarstadt Eruh waren Telefon- und Stromleitungen gekappt. Über den Lautsprecher der Moschee verlas ein Mann Verlautbarungen in kurdisch, arabisch und türkisch. Männer mit Kalaschnikoffs öffneten die Gefängnistore und drangen in die mit sieben Soldaten besetzte Gendarmeriestation ein. Die Soldaten wurden überwältigt, die gesamte Munition per LKW weggefahren. Die kurdische Guerilla PKK (Partiya Karkeri Kurdistan, Arbeiterpartei Kurdistans) hatte ihren bewaffneten Kampf für ein unabhängiges Kurdistan begonnen.

Gewehr bei Fuß folgte die Strafe der Armee. «Von den Lautsprechern der Stadtverwaltung erging der Befehl, daß alle Männer zur Schule kommen sollten. Jeder mußte eine Waffe mitbringen und abgeben. Während die Männer in der Schule tagelang eingesperrt wurden, durchsuchte das Militär die Häuser. Meinen achtzigjährigen Großvater haben sie zwei Tage lang gefoltert. Er konnte keine Waffe beibringen», berichtet ein junger Mann, nachdem er sich vergewissert hat, daß keine Zivilpolizisten in der Nähe sind. In Şırnak zitiert man die Namen der Toten, nicht der Lebendigen. Er zählt sie auf. Dutzende von Menschen, die seit 1984 der Folter durch die türkische Armee zum Opfer fielen.

In dem 15000 Einwohner zählenden Şırnak sind rund 20000 Soldaten stationiert. Aus der Westtürkei sind Anti-Guerilla-Einheiten angerückt – Tausende «unserer heimischen Rambos», wie die türkischen Zeitungen stolz verkünden. Hinzu kommen Gendarmerie und Polizei. In der Region Botan, von der PKK zum Zentrum ihrer Aktivitäten erklärt, hat der Staat rund 110000 Soldaten zusammengezogen. «Der türkische Staat ist mächtig. Wir werden die Terroristen ausrotten», verkündete Innenminister Abdülkadir Aksu. «Edel und entschlossen stehen die türkischen Streitkräfte als unzerstörbare Burg gegen die Verräter und Räuberbanden, die es auf die Einheit der Türkei abgesehen haben», sprach der Ex-Putschist und ehemalige Staatspräsident Kenan Evren. Seit Monaten verbreiten die türkischen Medien die amtliche Wunschvorstellung in ihren Schlagzeilen: «Cudi-Berge eingekesselt. Das Ende der Verräter ist nahe.» – «Die Großoffensive unserer heldenhaften Armee. Der Endschlag gegen die PKK ist nahe.» – «Die Verräter können sich einen Tod aussuchen: Kugeln oder Feuer.»

Die Realität sieht anders aus. Die PKK verzeichnet eine militärische Erfolgsmeldung nach der anderen. Sie ist mittlerweile in der Lage, selbst in größeren Städten in der Region wie Şırnak oder Hakkari militärische Einrichtungen zu attackieren. 798 Soldaten und Milizangehörige hat die PKK nach eigenen Angaben zwischen dem 15. August 1988 und dem 15. August 1989 getötet, gegenüber 35 Todesopfern in den eigenen Reihen. Nach amtlichen Zahlen der Ausnahmerechtsverwaltung sind allein im Juli 49 Soldaten getötet worden. Am 25. August 1989 hielt Innenminister Aksu in Diyarbakır eine Pressekonferenz ab: «Die Ausnahmerechtsverwaltung hat im zweiten Jahr ihrer Einrichtung 238 Terroristen tot, 16 Terroristen lebendig gefangen. 130 Soldaten und 228 Bürger kamen ums Leben. In der ersten Jahreshälfte 1988 wurden in den Provinzen Hakkari, Mardin und Siirt 91 Vorfälle registriert, dieses Jahr waren es 201 Vorfälle.» Todesbilanzen eines Bürgerkriegs.

«Die einheimische Bevölkerung unterstützt die Terroristen», erklärt der Regionalgouverneur Hayri Kozakçıoğlu, der in der Region, die seit zehn Jahren mit Kriegs- bzw. Ausnahmerecht regiert wird, über umfassende Kompetenzen verfügt. «In verschiedenen Verstecken der PKK wurden 315 Säcke Mehl, 61 Säcke Zucker, 41 Säcke Weizengrütze, 40 Säcke Reis und 59 Säcke Makkaroni gefunden», stellt er fest. «Wer unterstützt sie also?» Er beantwortet die selbstgestellte Frage in der Zeitung *Hürriyet* vom 20. August 1989. «Traditionell liebt es das Volk in der Region, Bewaffneten Unterschlupf zu gewähren. Es ist eine Geisteshaltung.» Das dienstinterne Handbuch Nr. 114 des türkischen Generalstabes listet die Vorteile der PKK auf: «Aufgrund von Sprache und Kultur können sie leicht einen Dialog zum Volk aufbauen. In dem Augenblick, wo sie ihre Waffen verstecken, sind sie in Kleidung und Sprache wie ein normaler Bürger der Region. Sie nutzen die Naivität des Volkes, um es in ihrem Sinne zu führen.» In der Tat: im kurdischen Volk, dessen kulturelle und sprachliche Identität der türkische Staat seit Jahrzehnten zu zerstören versucht, haben die «Terroristen» und «Verräter» viele Freunde. Und längst hat die Armee den Bürgerkrieg auch auf die Zivilbevölkerung ausgedehnt.

Das Dorf Balveren, wenige Kilometer von Şırnak entfernt – ist für den Staat ein Terroristendorf. «Mindestens einer in jeder Familie ist hier gefoltert worden», sagt ein Bauer. Der neunzehnjährige Salih Akyüz hat zehn Tage in der Kaserne zugebracht: «Sie sperrten mich in eine Öltonne. 24 Stunden haben sie die Tonne in die Sonne gestellt. Sie schissen rein und schmissen brennendes Papier hinein.» Vor kurzem wurden acht Männer aus ihren Häusern vom Militär mitgenommen. Acht bewaffnte PKK-Mitglieder sind in den Bergen gefaßt worden, hieß es amtlich. Zur Präsentation wurde einer von ihnen, Mustafa Sıdar, für kurze Zeit ins Dorf zurückgebracht. «Er konnte nicht mehr gehen. Zwei Soldaten stützten ihn», berichtet ein Bauer. Abdullah Bayram, ein anderer Dorfbewohner, ist seit Wochen verschwunden. «Warum haben sie deinen Mann weggebracht», frage ich seine Frau Nezahat, die stumm mit ihren Kindern in einer Ecke sitzt. «Ich weiß es nicht, auch andere haben sie weggebracht.» – «Wie oft kam Militär zu euch?» – «Ich weiß es nicht. Unzählige Male. Ich kann mich nicht erinnern.» An den Winter 1987 erinnern sich jedoch alle Frauen. Drei Tage und drei Nächte haben die Soldaten sie in der Grundschule eingesperrt. «Bis auf die Unterwäsche wurden wir ausgezogen. Sie schlugen auf uns ein. ‹Bringt uns die Waffen eurer Männer.› Es gab kein Brot, keinen Toilettengang. Wir mußten in die Hose machen.» Seit dieser Zeit sind fünf Jugendliche in die Berge gegangen – zur Guerilla, zur PKK.

Demnächst soll in Balveren eine Mittelschule eröffnet werden. Das Gebäude ist noch im Bau. «Du wirst sehen, wenn es fertig ist, machen sie ein Militärlager draus», sagen die Bauern. Überall ist das Militär präsent. Ende Juli 1989 untersagte das Landkreisamt Şırnak den Dorfbewohnern mit einer kurzen amtlichen Bekanntmachung gar die Nutzung ihrer Weideflächen und Felder. «Die

23. Gendarmeriebrigade, die in unserem Landkreis stationiert ist, hat das Amt darüber informiert, daß außerhalb der Zentren Schießübungen durchgeführt werden sollen. Wir übernehmen keine Verantwortung für Leib und Leben.» Dorfvorsteher Ibrahim Hakkı Bayram war beim Landrat, um zu protestieren. «Solange Terroristen in den Bergen sind, darf der Staat verbrennen und bombardieren, was ihm paßt», erhielt er zur Antwort. Tausende von Menschen aus den betroffenen Dörfern blockierten daraufhin die Landstraße von Şırnak nach Uludere; anwesende Journalisten und sozialdemokratische Abgeordnete verhinderten einen brutalen Militäreinsatz. Die Verfügung wurde zurückgezogen. Doch immer noch können die Bauern nicht zu ihren Feldern. Ein Bauer weist auf einen Bergrücken, der etwa 2000 Meter vom Dorf entfernt ist. «Ich traue mich nicht hin. Wenn du erschossen wirst, heißt es, du seist ein PKK-Guerilla gewesen. Ich habe dort Wein angebaut und besitze Äpfel- und Birnenbäume. Alles wird kaputtgehen.»

Alle vom Militär Erschossenen werden nachträglich zu Terroristen. «Vergangene Nacht um 18.30 Uhr wurde nahe Boğanköyü bei Operationen unserer Sicherheitskräfte von PKK-Militanten das Feuer eröffnet. Im Feuergefecht wurde der Terrorist Zahit Salgut getötet. Ein Soldat, der beim Kampf verwundet wurde, wurde per Helikopter nach Siirt ins Krankenhaus gebracht», meldete die Zeitung *Bugün* am 15. August 1989. In Wahrheit wurde der Hirte Zahit Sargut, seinen Personalausweis bei sich tragend, mit einem Genickschuß in den Bergen aufgefunden. Die Guerilla trägt – wie könnte es anders sein – keine Personalausweise mit sich. Der verletzte Soldat kam nach Auskunft der Militärbrigade Dutzende Kilometer von der Leiche des Hirten entfernt bei einem Verkehrsunfall zu Schaden.

Nur in den seltensten Fällen haben Leichen ein juristisches Nachspiel. «Zwei nicht identifizierte Terroristen sind tot gefangen worden», meldete das türkische Fernsehen am 18. Juli 1989. Tage später besucht der sozialdemokratische Abgeordnete Cumhur Keskin den Ort des Geschehens, das Dorf Yoncalı – jenes Dorf, wo einst der Kinofilm «Eine Saison in Hakkari» gedreht wurde. «Vor den

Augen unserer Kinder haben die Soldaten Bünyamin und Sabri Orhan erschossen. Major Ahmet Korkmaz hat im Heu die Leichen verbrennen und sie anschließend einbuddeln lassen», erzählen die Dorfbewohner. Şeymuz Orhan – von ihm fehlt jede Spur – haben die Soldaten mitgenommen. Nach wochenlangen Bemühungen sozialdemokratischer Abgeordneter wird ein Ermittlungsverfahren eingeleitet. Die Bauern von Yoncalı haben die verkohlten Überreste der Erschossenen ausgebuddelt und versteckt. Sie haben Angst, daß die Soldaten, die fortwährend Razzien machen, sie entführen werden. Nur Fremden, denen sie vertrauen, zeigen sie die Leichen.

Der Mord an Sıddık Bilgin, dem ehemaligen Grundschullehrer des Dorfes Dönebaşı in der Provinz Bingöl, ist ein erschreckendes Beispiel dafür, wie die Herrschenden Mörder und Folterer in Schutz nehmen. Am 29. Juli 1985 wird Sıddık Bilgin von Soldaten auf die Gendarmeriestation Suveren gebracht. Zusammen mit anderen Dorfbewohnern wird er dort gefoltert. Sıddık Bilgin stirbt während der Folter. Eine Woche später, am 5. August 1985, gibt die Kriegsrechtskommandatur bekannt, Sıddık Bilgin sei während einer Operation der Sicherheitskräfte in den Bergen auf der Flucht erschossen worden. Monate später, am 10. Januar 1986, trauen sich die Bauern ans Licht der Öffentlichkeit. Auf einer Pressekonferenz in der Parteizentrale der Sozialdemokratischen Volkspartei berichten sie, wie sie zusammen mit Bilgin mehrere Tage auf der Gendarmerie festgehalten und gefoltert wurden. Bilgin habe die Folter nicht überlebt und sei im Gelände der Gendarmeriestation Suveren verscharrt worden. Der zuständige Staatsanwalt dagegen behauptet, die Leiche sei einem Onkel übergeben worden. Tage darauf, am 23. Januar 1986, erklärt der damalige Innenminister Yıldırım Akbulut, daß Bilgin Mitglied der PKK gewesen sei. Weil die Familienangehörigen seine Leiche nicht abgeholt hätten, habe man ihn auf der Gendarmeriestation begraben. Die türkische Presse berichtet über den Fall, eine sozialdemokratische Parlamentarierdelegation reist in das Gebiet.

«Alle im Dorf, Frauen und Kinder eingeschlossen, wurden zur Gendarmerie gebracht», berichtet die Augenzeugin Hüsniye Bilin.

«Sie schlugen alle. Die Kinder, die nichts zu essen und zu trinken bekamen, schrien. Wir weinten. Nach drei Tagen wurden wir vor den Schulplatz gebracht und der Reihe nach verprügelt. Ihr füttert Anarchisten, sagten sie. An den LKW wurden sie, die Augen verbunden, festgebunden. Mit Beilstielen schlugen sie auf sie ein. Zum Schluß blieb Sıddık Bilgin am Boden liegen. Ein Offizier schlug mit Stiefeln auf seinen Kopf. ‹Steh auf›, sagte er. Sıddık Bilgin blieb liegen. Der Offizier öffnete die Augenbinden und die Handschellen. Der Arzt kam und untersuchte Bilgin. ‹Herzstillstand› sagte er. Wir wurden zurück in die Häuser getrieben. Wir hörten die Motorengeräusche. Die Militärs waren weg. Wir gingen raus und hörten Schüsse.»

Der Offizier Ali Şahin wird von allen Augenzeugen als Leiter des folternden Strafkommandos ausgemacht. Hauptmann Şahin erklärt auf Fragen von Journalisten, daß die Leiche in der Gendarmeriestation gestunken habe und sie daraufhin auf Befehl von oben im Gelände der Gendarmerie begraben worden sei. Nach langen Auseinandersetzungen wird die Leiche am 3. April 1986 den Familienangehörigen zur Beerdigung auf dem Dorffriedhof freigegeben. An diesem Tag wird Journalisten und Abgeordneten der Zugang zum Dorf verwehrt. Der Onkel Sıddık Bilgins erklärt, daß die Leiche ihm übergeben wurde – die Füße zusammengebunden, der Schädel und die linke Hand gebrochen. Nach dieser Erklärung wird schließlich ein Ermittlungsverfahren eingeleitet. Die Leiche Sıddık Bilgins wird erneut ausgegraben und der Gerichtsmedizin in Ankara überstellt. Das Gutachten der Gerichtsmedizin ist erschreckend. Der Todesbefund, den die Militärs am 31. Juli 1985 einen Arzt ausstellen ließen, ist erlogen. Überall am Körper werden Folterspuren festgestellt. Nach dem Gutachten der Gerichtsmedizin ist ein Verfahren gegen Hauptmann Ali Sahin unausweichlich. Der Prozeß gegen Şahin und weitere vier Offiziere und Soldaten vor der 2. Strafkammer Ankara dauert bis heute an.

Jahre nach dem Vorfall gelingt es Journalisten, mit ehemaligen Soldaten, die an der Strafexpedition Şahins beteiligt waren, zu sprechen. Sakıp Ay ist einer von ihnen: «Sıddık Bilgin wurde zwei Tage lang geschlagen. Immer wenn er bewußtlos wurde, rief man den Arzt und brachte ihn mit Wasser zu Bewußtsein. Ich sah, wie Sıddık Bilgin starb. Wir warfen ihn auf einen Laster. Vier bis fünf Kilometer vor der Gendarmeriestation haben wir die Leiche bäuchlings hingelegt. Auf Befehl schossen wir auf ihn. Wir waren ungefähr vierzig Soldaten. Wir mußten vor Hauptmann Ali Şahin schwören: ‹Erzählt niemandem darüber, wir haben dies für das Vaterland und die Nation getan.›» Journalisten fragen den Soldaten Ay, wie er sich dabei fühlt, an einer solchen Expedition beteiligt gewesen zu sein. «Ganz einfach. Sıddık Bilgin hat den Tod verdient. Die Umstände erforderten seinen Tod. Der Lehrer war ein Vaterlandsverräter. Da wir das Vaterland repräsentieren, hätte jeder unserer Freunde ihn erschossen.»

Mitangeklagte von Hauptmann Ali Şahin bestätigen die Aussagen des Soldaten Ay. Ali Şahin, der bereits in seinem vorherigen Dienstort im westägäischen Muğla wegen Folter und Vergewaltigung auf der Wache angeklagt war, gibt sich vor Gericht gelassen und vermutet «Politkreise mit bösen Absichten» hinter den Anschuldigungen. Seine Worte gleichen denen des damaligen Innenministes Yıldırım Akbulut: «Das eigentliche Ziel der Folteranschuldigungen und des Foltergeredes ist es, den Staat zu lähmen.» Ali Şahin tut heute Dienst an der Offizierschule Güvercinlik in Ankara. Dort bildet er neue Generationen von Offizieren aus.

2600 vor unserer Zeitrechnung – so erzählt die Legende – tötete der Schmied Kawa den Despoten Dehak, der mit Terror das Land der Kurden beherrschte. In des Herrschers Palast Ninova, hoch oben in den Bergen, entzündete Kawa ein großes Feuer, damit die freudige Nachricht über das Ende des bösartigen Herrschers das ganze Volk ereile. Seit dieser Zeit wird jedes Jahr am 21. März das Feuer entfacht und gefeiert. Eine glückliche, freie Zukunft ohne Unterdrükkung soll das Feuer verheißen.

Ein anderes Feuer brennt heute in den Cudi-Bergen. Mit Flammenwerfern und Brandbomben von Flugzeugen werden Wälder angezündet. Drakonische Strafen wurden in der Vergangenheit gegen Einwohner verhängt, die einen Baum fällten. Nun vernichtet die Armee in wenigen Stunden ganze Areale: Thujabäume, Eichen, Pistazien und Obstbäume. Mit der militärischen Strategie der verbrannten Erde soll der Guerilla der Garaus gemacht werden. Das «Agent Orange» der US-Armee in Vietnam und der C-Waffen-Einsatz des Irak gegen die dortige kurdische Zivilbevölkerung dienen als Vorbild. «Vietnamesische Tunnel», in denen sich die Guerilla versteckt, will die Zeitung *Tan* in den Cudi-Bergen ausgemacht haben. Doch sollte es nach den Plänen eines der ranghöchsten Militärs in der Region, des Brigadekommmandanten von Hakkari, General Altay Tokat, gehen, ist die Guerilla auch dort nicht sicher. Auf einer Konferenz der Präfektur am 12. August 1989 hat er es ausgesprochen, öffentlich und ohne Scheu: «Nach meinem System können wir die in kürzester Zeit vernichten. Nach meinem System wächst dort weder Mensch noch Gras. Wir haben bislang nur unsere leichten Waffen eingesetzt. Unser südlicher Nachbar hat mit einer einzigen Militäroperation die Menschen, die seit fünfzig Jahren Krieg gegen den Staat führen, ausgelöscht. Wenn wir wollen, können auch wir sie in derselben Art vernichten.» In einem dienstinternen Handbuch des türkischen Generalstabs – in Auszügen von der Zeitschrift *2000'e Doğru* publiziert – ist der Einsatz von C-Waffen gegen «separatistische Bandenmitglieder» ausdrücklich abgesegnet: «Anwendung von Giftgas» – «Unbewohnbar machen durch den Einsatz speziell produzierter Insektenbrut», ist im Abschnitt «Die Vernichtung der Tunnel» zu lesen.

Mit Massenvertreibungen in Bergdörfern versucht das Militär, die Guerilla von der kurdischen Bevölkerung zu isolieren. «Fremden Mächten» hatte das 500 Einwohner zählende Dorf Anılmış Unterschlupf gewährt, stellten die Herrschenden fest. Binnen weniger Wochen wurde das Dorf vom Militär zwangsevakuiert. Sollten auch solche Maßnahmen keine Erfolge zeitigen, bleibt das Beispiel von Halabja – der Einsatz von C-Waffen, Massaker – und schließlich: der Genozid.

«Sie haben selbst den Respekt vor den Toten verloren», flucht ein Lebensmittelhändler in Şırnak. Arbeiter fällen die Bäume des Zentralfriedhofs im Stadtzentrum, auf Befehl der Armee. Terroristen könnten sich hinter den Bäumen verstecken. Es ist der Friedhof «normaler Bürger», die eines natürlichen Todes sterben. Die toten Terroristen oder solche, die dafür gehalten wurden, kommen ohnehin woanders hin. Weit ab des Stadtzentrums schaufelt sie ein Bulldozer in Massengräber.

Die Stadt Şırnak lebt von der Kohle. Überall unter der Erde liegt der schwarze Stoff, der Tausenden Brot und Arbeit bescherte. Nur zum kleinen Teil arbeiten die Menschen in den staatlichen Kohlewerken, dem einzigen Großbetrieb in der Region. Daneben gibt es eine Vielzahl kleiner, privater Minen. Die Grundstücke gehören Bauern. Mit Spitzhacke und Schaufel wird die Kohle gefördert. Esel oder Trecker transportieren sie zum Verkauf. «Wir waren mit 150 Mann in der Mine Segire, die Verwandten von uns gehört. Seit sechs Jahren wird dort Kohle gefördert. Aus zwanzig Dörfern kommen Leute, um dort zu arbeiten. Gestern war Militär dort – hundert Soldaten mit Maschinengewehren. Sie schossen in die Luft, um uns zu vertreiben. Auf die Esel und die Trecker haben sie geschossen», erzählt verzweifelt ein Mann im Teehaus von Şırnak. Wir fahren zur Mine, die rund zehn Kilometer vom Ort entfernt liegt. Die Zufahrten sind mit Erde und Steinen aufgeschüttet. Die Minen mit Dynamit zerbombt. Die Geschosse sind noch sichtbar. «Alle Kohle gehört dem Staat, sagen sie. Wie soll ich jetzt meine Familie ernähren», klagt der Mann.

«Unsere heldenhafte Armee bombardiert die Verstecke der Terroristen in den Cudi-Bergen», triumphiert ein Reporter vom Kampfgebiet abends in den Fernsehnachrichten. Gezeigt wird eine türkische Flagge, die angeblich auf einem Gipfel des Cudi-Massivs weht. «Mehrere Terroristen wurden getötet. Doch die Terroristen verstecken die Leichen ihrer Genossen. Unterdessen wurden die illegalen Minen geschlossen. Durch die illegale Kohleförderung hatten sich die Terroristen in der Vergangenheit Einkünfte verschafft.» Generalstabschef Necip Torumtay erscheint auf dem Bildschirm. «Jedermann, der diejenigen unterstützt, die mit Waffen gegen unsere nationale Existenz und Einheit kämpfen, ist als Feind anzusehen.» Mit stummer, ernster Miene verfolgen die Männer im Teehaus die Nachrichten. Ein Junge kommt angelaufen und flüstert einigen etwas ins Ohr. Binnen weniger Minuten hat sich die Nachricht verbreitet. Die PKK hat die staatlichen Kohlewerke angegriffen. Ein Punktesieg mehr für die Organisation, die von Teilen der Bevölkerung ohnehin heroisiert wird.

Nachrichten verbreiten sich wie Lauffeuer. «Hast du gehört. Die Organisation hat sechs Männer der Jirkis getötet. Recht geschieht es ihnen, den Leuten von Tahir Adıyaman.» Tahir Adıyaman, kurdischer Grundbesitzer, Haupt des Jirki-Stammes, Führer über Hunderte bewaffneter Männer. 1975 legte er sich auf dem Beschneidungsfest seines Sohnes mit dem Staatsanwalt und dem Landrat an. Vor den Augen seines Stammes gab der Landrat ihm eine Ohrfeige. Sechs Gendarmen mußten danach sterben. Der Stamm erklärte dem Staat den Krieg und zog sich zehn Jahre lang in die Berge zurück. 1985 kommt es dann zum Handel. Der Vorfall von 1975 soll vergessen werden, der Staat sieht von einer Bestrafung ab. Im Gegenzug erklärt Stammesführer Adıyaman, daß er mit seinen bewaffneten Männern gegen die PKK kämpfen will.

Der türkische Staat, der im Rahmen der Assimilationspolitik – notfalls mit Gewalt – «Modernität» und «Zivilisation» zu den Kurden tragen wollte, ist heute Förderer von reaktionärer Stammesorganisation. Vor Jahren schon wurde die Institution der Dorfmiliz eingeführt. Einzelne kurdische Stämme, die der PKK feindlich gegenüberstehen, wurden vom Staat bewaffnet: 15 000 Milizionäre, die für ihre Tätigkeit mit dem Doppelten des durchschnittlichen Lohnes in der Region stattlich bezahlt werden. Die Bewaffnung von Kurden gegen Kurden hat den Staat bis heute 57 Milliarden Türkische Lira (rund 500 Millionen DM) gekostet. Ein neuer Gewaltzyklus wurde geschürt: Blutrache und Stammesfehden wurden mit Waffen ausgetragen, die der Staat zur Verfügung gestellt hatte. Die Antwort der PKK ließ nicht lange auf sich warten. Die Dorfmilizen wurden zu «Volksfeinden» erklärt. Mit barbarischer Sippenhaft und Morden an den Frauen und Kindern der Milizionäre versuchte die PKK, der Dorfmiliz den Garaus zu machen. Heute distanziert sich die Organisation von solchen Aktionen. Frauen und Kinder bleiben beim Kampf gegen die Milizen verschont.

Vor dem Militärputsch 1980 war die PKK eine eher unbedeutende Gruppe. Andere linke Organisationen hatten weitaus mehr Einfluß. Abdullah Öcalan, der kompromißlose Führer der PKK, der schon damals für den bewaffneten Kampf eintrat, griff sie erbarmungslos an. Er bekämpfte jeden, der von der Befreiung des kurdischen Volkes redete, aber nicht zur Waffe greifen wollte. Kritiker in den eigenen Reihen wurden von Todeskommandos liquidiert. Noch 1984, als die PKK mit ihrem spektakulären Überfall in Eruh von sich reden machte, war ihr Einfluß relativ gering. Heute jedoch ist sie eine schlagkräftige Guerillaorganisation. Der staatliche Terror trug viel dazu bei, das Umfeld der PKK zu stärken. Selbst Brandanschläge der Guerilla auf Schulen und Krankenstationen sind in den Augen vieler Kurden gerechtfertigt: Schließlich benutzt das Militär Schulen und Spitäler als Munitionslager.

«Bonbons, Kaugummi und Biskuit verteilen die PKK-Militanten», meldet die Tageszeitung *Hürriyet* in Berufung auf türkische Geheimdienstquellen. Selbst «Volksgerichte» richtet die Guerilla in den Dörfern ein. In der Muttersprache – auf kurdisch – wird dort Recht gesprochen. «Die PKK kommt ins Dorf. Sie sagen den Bauern: Weil du kurdisch sprichst, wirst du beleidigt. In meinem Regime wirst du kurdisch vor den Gerichten, dem Landrat und dem Präfekten sprechen. So gewinnen sie Sympathie», stellt der Abgeordnete Nurettin Yılmaz von der regierenden Mutterlandspartei fest. Yılmaz, selbst kurdischer Abstammung, fordert sogar ein kurdisches Programm im Fernsehen.

Jahrzehnte wurde die Existenz der Kurden in der Türkei geleugnet. «Bergtürken» hießen sie in der offiziellen Terminologie. Seit der Gründung der türkischen Republik hatte die Regierung die Zwangsassimilierung der Kurden auf ihre Fahnen geschrieben. Immer wieder wurden Aufstände militärisch unterdrückt. Vertreibung und Terror folgten. In den Augen der türkischen Politiker war die Kurdenfrage ein ökonomisches Problem – die «Unterentwicklung» der südöstlichen Landesteile. Mehr Fabriken, mehr Schulen würden das Problem von allein lösen. Heute sind Stellungnahmen wie die des Abgeordneten Yılmaz keine Seltenheit mehr. Der sozialdemokratische Oppositionsführer Erdal Inönü und der konservative Parteiführer Süleyman Demirel erklärten, daß sie nichts gegen die Eröffnung eines kurdischen Instituts an türkischen Universitäten einzuwenden hätten. Die PKK hat mit Waffen Fakten gesetzt. Auf der einen Seite diskutieren – erstmalig seit Gründung der türkischen Republik – Politiker über das Recht der Kurden auf kulturelle Autonomie. Auf der anderen Seite droht die Armee mit C-Waffen und Massakern, um das Kurdenproblem zu beseitigen. Die Strategie des türkischen Staates gegenüber den Kurden ist so desolat wie nie zuvor.

Mit halbherzigen Zugeständnissen wollen sich die Kurden heute nicht mehr abspeisen lassen. Ein Dutzend kleiner Jungen, kaum älter als zehn, ziehen durch das Nobelviertel Vilayet in Diyarbakır, in dem die Techniker und Ingenieure der ausländischen Erdölfirmen wohnen. «Biji, biji PKK – es lebe die PKK», rufen sie lauthals. Die nationale Frage ist nicht mehr totzuschweigen. Es geht um Autonomie, um ein unabhängiges Kurdistan. Nicht Abschreckung, sondern wachsendes Selbstbewußtsein scheint das Ergebnis des Krieges zu sein. Die PKK hat die Köpfe der Menschen erobert – selbst ihren Aberglauben.

«Ich bringe dich zu Zaides Grab», flüstert der alte Mann und beginnt zu erzählen: «Des Nachts sieht eine kinderlose Frau einen Traum. Zaide erscheint als Engel. Sie ruft die Frau zu ihrem Grab. Die Frau steht auf und wandelt zu dem unbekannten Ort. ‹Nimm ein Stück von der Erde meines Grabes›, spricht Zaide, ‹doch fülle andere Erde auf. Ich will nicht ohne Erde bleiben. Dann wird dir dein größter Wunsch erfüllt. Du wirst Kinder haben.› Einige Monate darauf wird die Frau schwanger.» Der Mann weist auf einen Erdhaufen auf freiem Gelände, wo Zaide angeblich ruhen soll. Ein Wallfahrtsort: Dutzende von Frauen pilgern tagtäglich zu ihrem Grab. Bei Rheuma, Magenschmerzen, auch bei ehelichem Streit soll ein Besuch an Zaides Grab helfen.

«Wer ist Zaide?» frage ich den alten Mann. «Sie war eine

wunderschöne sechzehnjährige Guerilla. Das türkische Militär hat sie vor drei Jahren in eine Falle gelockt und erschossen. Eine Woche stand ihre Leiche auf einem LKW vor dem Polizeiquartier, bis die Militärs sie irgendwo verscharrten. Zaide – wir glauben an sie.»

Ende eines Massenprozesses

19. Juli 1989: Bereits im Morgengrauen haben sich Dutzende von Menschen vor dem Eisentor Nummer 2 der Militärkaserne Mamak eingefunden. Immer neue Menschen kommen hinzu. Zuletzt warten Hunderte darauf, eingelassen zu werden. Die zwei Warteschlangen sind nach Geschlecht getrennt. Während die Männer sich diszipliniert der Reihe nach aufstellen und schweigsam die Stunden verstreichen lassen, herrscht bei den Frauen stete Unruhe, Lärm und Bewegung. Aus der Warteschlange wird ein chaotischer Pulk: Menschen, die sich dutzendweise umarmen, küssen, weinen. «Könnt ihr euch nicht anständig benehmen», schreit ein Offizier hinter dem Tor die Frauen an.

Die Zuschauer, die zur Urteilsverkündung des Kriegsgerichts Ankara gegen Mitglieder der nach dem Militärputsch 1980 verbotenen Organisation Dev-Yol (Revolutionärer Weg) gekommen sind, kennen sich seit Jahren. Zumeist sind es Familienangehörige der Angeklagten. In den Tagen der Hungerstreiks der politischen Gefangenen im Militärgefängnis Mamak, während der Besuchstage im Gefängnis, bei den Gerichtsterminen haben sie sich kennengelernt.

Nach der Leibesvisitation am Tor steigen wir in den Bus, der uns zum Gerichtsgebäude fahren wird. Es ist kein Militärbus, sondern ein städtischer Linienbus, der bezahlt werden muß. Nach dem Militärputsch wurden Tausende politischer Gefangener in der Kaserne Mamak interniert. Den Militärs gelang es nicht, die verkehrspolitischen Probleme während der Besuchstage und an den Prozeßtagen zu lösen. So erteilte der Kriegsrechtskommandant den Verkehrsbetrieben Ankara den Befehl, im Militärareal eine städtische Buslinie einzurichten. Die Generäle kasernierten nicht nur die Gesellschaft, sie führten auch Alltägliches, wie eben Linienbusse, in die Kasernen ein.

Soldaten in Kampfanzügen, schwerbewaffnet mit Maschinenpistolen, und Hundeführer mit scharfen Schäferhunden bilden einen Kreis um die Zuschauer, die vor einem Gebäude aus dem Bus steigen. Das Gerichtsgebäude der Kriegsrechtsverwaltung – ein Fertigbau des Jahres 1981; die vorhandenen Räumlichkeiten hatten für Massenprozesse nicht ausgereicht. Zwei Soldaten mit einem Haufen klirrender Handschellen verlassen das Gebäude. Die Angeklagten sind bereits im Saal. Nun werden die Zuschauer eingelassen. Unter der Atatürk-Fotografie, zwei türkischen Flaggen und der Inschrift «Gerechtigkeit ist die Grundlage des Eigentums» nehmen die fünf Militärrichter Platz. Der letzte Prozeßtermin gegen Dev-Yol hat begonnen.

«Dieses Gericht hat nicht die Legitimation, über uns zu urteilen. Das Urteil Ihres Gerichtes ist rechtswidrig und verfassungswidrig. Sie haben Recht und Verfassung gebrochen. Sie haben Geständnisse, die unter Folter erpreßt wurden, als beweiskräftig anerkannt. Sie sind das Gericht der Septemberjunta. Die Türkei hat vor kurzem die europäische Menschenrechtskonvention gegen die Folter unterzeichnet. Sie halten sich nicht daran. Wir werden Klage vor der europäischen Menschenrechtskommission erheben. Ihr Gericht ist illegal.»

Oğuzhan Müftüoğlu, einer der Hauptangeklagten des Prozesses, wendet sich den Richtern zu. «Bitte, Sie können nun Ihr Urteil verkünden.» Der vierundvierzigjährige Müftüoğlu, Mitglied des Zentralkomitees von Dev-Yol, Rechtsanwalt von Beruf, ist ein brillanter Redner: kein überflüssiges Wort, Präzision in der Argumentation. Keine Aggression, keine Härte finden sich in seinem Tonfall. Mit freundlichen, weichen Gesichtszügen spricht der Mann, der ein halbes Jahr in den Folterkammern verbrachte und seit neun Jahren im Militärgefängnis Mamak einsitzt, Selbstverständlichkeiten aus. Nicht der Staatsanwalt, der gegen ihn die Todesstrafe fordert, nicht die Richter, die ihn zu lebenslänglicher Haft verurteilen werden, sind die Autorität im Gerichtssaal. Ohne Erlaubnis der Richter hat er das Wort ergriffen. Die Militärrichter verfügen keine Räumung des Saales, keinen Knüppeleinsatz der Soldaten wie in den ersten Jahren des Prozesses. Sie sind fest entschlossen: Mittwoch, der 19. Juli 1989, wird der letzte Tag des Dev-Yol-Prozesses vor ihrem Gericht sein.

Auf meinem Notizblock habe ich die Paragraphen, mit denen die Herrschenden ihre Feinde zur Strecke bringen, niedergeschrieben. Der Paragraph 146: «Wer mit Gewalt versucht, die Verfassung der türkischen Republik ganz oder teilweise zu ändern oder aufzuheben oder die aufgrund dieser Verfassung gebildete Große Nationalversammlung zu entmachten oder an der Ausübung ihrer Befugnisse zu hindern, wird mit dem Tode bestraft. Wer... zur Begehung dieser Verbrechen auffordert, indem er entweder allein oder mit anderen gemeinsam durch Wort, Schrift oder Tat eine Verschwörung anzettelt oder auf Plätzen und Straßen Reden hält, Plakate anheftet oder Veröffentlichungen erläßt, wird, auch wenn es bei einem Versuch bleibt, gleichfalls mit dem Tode bestraft. Die Gehilfen werden mit Zuchthaus von fünf bis fünfzehn Jahren bestraft.» Dann der Paragraph 168: «Bildung einer bewaffneten, staatsfeindlichen Vereinigung». Wer unter dieser Anklage vor Gericht steht, muß mit fünfzehn Jahren Haft rechnen.

Oberst Hüseyin Şahin, der vorsitzende Richter, verkündet das Urteil. Ein Paragraph des Strafgesetzbuches und das Strafmaß werden genannt. Es folgen die Nummern und Namen der insgesamt 723 Angeklagten. Zahlen fliegen durch die Luft. Paragraph 146 – zum Tode verurteilt; Paragraph 141 – Freispruch; Paragraph 141 – fünf Jahre Gefängnis; Paragraph 168 – sieben Jahre Gefängnis; Paragraph 168 – fünf Jahre. Wie bei der Bekanntgabe von Lotterienummern werden sie in rasantem Tempo, für die Zuschauer kaum hörbar, über Mikrofon von den Militärrichtern verlesen. «Nach bestem Gewissen» – so Oberst Şahin – hat das Kriegsgericht Recht gesprochen. Eineinhalb Stunden dauert die Verlesung der 723 Nummern und Namen im Gerichtssaal. Sieben Todesurteile, 39 lebenslängliche Haftstrafen und 336 Haftstrafen zwischen zwei und zwanzig Jahren verkündet das Gericht.

Ein Begriff wie Verhältnismäßigkeit existiert nicht in diesem Prozeß. Der Umgang mit Maßstäben ist verlorengegangen. Sieben Jahre benötigte das Kriegsgericht für seine Gewissensentscheidung. Nach dem Militärputsch wurden allein in Ankara über 2000 mutmaßliche Dev-Yol-Mitglieder und Sympathisanten festgenommen. 45 Tage dauerte die Verlesung der 1200 Seiten umfassenden Anklageschrift nach Beginn des Prozesses am 18. Oktober 1982. Die Zahl der Angeklagten und der geforderten Todesstrafen änderte sich fortwährend. Zuerst wurden 574 Personen angeklagt, für 185 Angeklagte forderte der Staatsanwalt die Todesstrafe. Im Laufe des Verfahrens erhöhte sich die Zahl der Angeklagten auf 723. Nun wurden 236 Todesurteile gefordert. Gegen Ende des Verfahrens gab sich der Staatsanwalt schließlich mit 74 Anträgen auf Todesstrafe zufrieden. Die durchschnittliche Zeit der Untersuchungshaft pro Angeklagten betrug fünf Jahre. Allein die Angeklagten, für die der Staatsanwalt später Freispruch forderte, saßen insgesamt 200 Jahre in Untersuchungshaft und verbrachten zusätzlich 6000 Tage auf dem Polizeipräsidium Ankara.

Die vom Militärstaatsanwalt beigebrachten Beweismittel füllen über 300 Aktenordner. Hauptinhalt der Ordner sind Geständnisse während der polizeilichen Verhöre. Per Verfügung hatten die Generäle die Dauer der Polizeihaft, für die kein Haftbefehl erforderlich ist, auf 90 Tage heraufgesetzt. Hunderte von Angeklagten berichteten später vor Gericht über die Folterungen während der Polizeihaft. Über 600 Strafanzeigen der Angeklagten gegen ihre Folterer wurden vorgebracht. Für das Militärgericht war der Umstand, daß die Geständnisse unter Folter erpreßt wurden, ohne Relevanz für den Gang des Verfahrens. Die Revision der Urteile vor dem militärischen Kassationshof kann noch fünf bis sechs weitere Jahre in Anspruch nehmen. So kommt man bei vielen Angeklagten auf eine Haftzeit von fünfzehn Jahren ohne letztinstanzliches Urteil.

Doch das Dev-Yol-Verfahren ist nicht nur Gegenstand nüchterner Zahlenspiele über politische Justiz, Justizirrtümer, Folter und Kriegsrecht. Es ist die Geschichte von Menschen, von Angeklagten, Richtern, Kriegsrechtskommandanten, Staatsanwälten, Anwälten, Folterern und Gefolterten, Mördern und Ermordeten. Es ist die Geschichte der Angeklagten Behçet Dinlerer, Zeynel Abidin Ceylan, Şahin Dokuyucu und Adil Yılmaz, die in den Händen ihrer Folterer starben. Es ist die Geschichte Dutzender Folterer, die in dem «Untersuchungslaboratorium» DAL, dem größten Folterzentrum in Ankara, im Dienst waren oder sind. Die Geschichte des Faschisten Ekrem Bagana, der Dienst im DAL-Laboratorium tat, bevor er wegen eines früheren politischen Mordes in Çorum verurteilt wurde. Die Geschichte des zur Tatzeit elfjährigen Angeklagten Müslim Sezgin, der laut Urteil versucht haben soll, «mit Waffengewalt die Verfassung der Türkischen Republik zu stürzen». Aufgrund des Alters wurde die Strafe von sechs auf drei Jahre Gefängnis herabgesetzt. Die Geschichte des Rechtsanwalts Ibrahim Tezan, der vom Kriegsgericht ausgeschlossen wurde, weil er dagegen protestierte, daß willkürlich Aussagen der Angeklagten nicht ins Gerichtsprotokoll aufgenommen wurden. Die Geschichte des ehemaligen Kriegsrechtskommandanten Recep Ergun, einst allmächtiger Chef über Polizei und Militär in Ankara, der nach seiner Pensionierung und der Aufhebung des Kriegsrechts eine Abgeordnetenkarriere in der regierenden Mutterlandspartei begann. Die Geschichte des Chefmilitärstaatsanwalts von Ankara, Nurettin Soyer, der, von Gewissensbissen geplagt, Jahre später über die Machenschaften seines Kommandanten Ergun auspackte. Die Geschichte des Angeklagten Turgay Erbay, der nach wochenlanger Folter im DAL-Zentrum «irrtümlich» vom Gericht auf freien Fuß gesetzt wurde. Nach einem erneuten Haftbefehl beschloß Erbay, den Qualen ein Ende zu setzen. «Ich werde nicht noch einmal gefoltert werden», sagte er, bevor er Hand an sich legte.

Zu aller Anfang war die Folter. «Ich habe Oğuzhan Müftüoğlu und Nasuh Mitap erstmalig im März 1981 im Militärgefängnis Mamak gesehen. Nasuh Mitap war gelähmt. Er konnte nicht auf den eigenen Beinen stehen. Ein anderer Gefangener trug ihn auf dem Rücken und setzte ihn auf eine Tonne. Er konnte nicht sprechen.» So beschreibt Rechtsanwalt Ibrahim Tezan den ersten Besuch bei seinen Mandanten im Militärgefängnis Mamak. Wenige Minuten durfte er, umringt von Soldaten und durch Gitter getrennt, seine Mandanten sprechen. Die Folterspuren aus der Zeit der Polizeihaft waren noch nicht geheilt. Rechtsanwalt Tezan weist auf mehrere Aktenordner. «Ich habe Hunderte von Eingaben an den Militärstaatsanwalt wegen Folterungen an Mandanten gemacht. Die meisten wurden noch nicht einmal beantwortet.» Eine ausländische Journalistin stellt ihm eine Frage zur Demokratie in der Türkei. «Demokratie», sagt Tezan in einem mürrischen, verdrießlichen Ton. «Ja Demokratie, Sie sehen doch den Dev-Yol-Prozeß.»

Ayşe Pekdemir wurde zusammen mit ihrem Ehemann im Januar 1981 in Istanbul festgenommen. Sechs Tage Folter im Istanbuler Polizeipräsidium Gayrettepe folgen. Schließlich werden sie mit einer Militärmaschine nach Ankara geflogen. Denn in Ankara ist der Sitz der DAL, und für das Zentralkomitee von Dev-Yol ist eigens ein Team von zehn Folterern zusammengestellt worden. «Du weißt nicht, wann Nacht und wann Tag ist. Die Augen sind verbunden. Ich roch den Alkoholgestank der Folterer. Einmal konnte ich unter der Augenbinde den Folterer Bekir Pullu sehen, wie er die Elektroschocks gab. Er verspürte richtige Lust, während er den Apparat bediente», berichtet Ayşe Pekdemir. «Ich kann mich an einen Polizisten erinnern, dessen Aufgabe es war, uns nach der Folter zur Toilette zu bringen. ‹Die Folterer haben keine Bildung und Kultur wie ihr›, sagte der Polizist.» Im Gegensatz zu den Folterern ist der Kommissar ein gebildeter Mann. Kommissar Kemal Yazıcıoğlu foltert nicht, er gibt Weisungen. «Er war derjenige, der die Verhöre durchführte und die genaue Technik der Folter bestimmte: an den Armen aufhängen, an den Beinen aufhängen, Elektroschocks, Druckwasserbehandlung.»

Ayşe Pekdemir bleibt zwei Monate im DAL-Zentrum, ihr Ehemann Melih Pekdemir wird noch einen weiteren Monat dort gehalten. Es folgt die Zeit im Militärgefängnis Mamak. «Zur Strafe sperren sie dich in eine ein Quadratmeter große Zelle. Manchmal wird Wasser eingelassen, so daß der Grund naß ist. Fünfzehn Tage bist du nur mit deinen Exkrementen zusammen. Eine weitere Strafe sind die Knüppel. Du mußt die Hand vorhalten, sie schlagen drauf. Dreißigmal, fünfzigmal, bis die Hände blau anschwellen.» 28 Monate bleibt Ayşe Pekdemir in Haft. Ihr Ehemann Melih gehört bis zuletzt zu den inhaftierten Angeklagten im Dev-Yol-Prozeß.

Tausende Seiten Folterprotokolle finden sich in den Akten des Dev-Yol-Prozesses. Selbst Skizzen des Folterzentrums DAL und Phantombilder der Folterer sind von den Angeklagten angefertigt worden. Yaşar Kanbur ist einer von Hunderten, die in ihrer Verteidigungsrede vor Gericht die Verhältnisse im DAL-Zentrum beschrieben haben:

«In der Nacht holten sie mich ab und brachten mich in ein Auto. Nach einer langen Fahrt wurde ich aus dem Auto gezerrt. Unter Fußtritten und Schlägen mußte ich gehen. ‹Nimm den Kopf runter›, ‹heb die Füße›, ‹vor dir ist ein Graben, spring drüber›, sagten sie. Meine Augen waren bereits bei der Verhaftung zu Hause verbunden worden. Wir kamen in ein Gebäude. Von allen Seiten hörte man Schreie, Schmerzensrufe und Gespräche. Wieder Fußtritte und Schläge. Ich war so verwundert, daß ich schwieg. Plötzlich verspürte ich einen tiefen Schmerz an meinem Hoden. Einer quetschte sie. Ich schnappte nach Luft. Die Verwunderung war vorbei. Ich schrie aus aller Kraft. Als ich zu schreien begann, stopften sie mir etwas Salziges in den Mund. Ich versuchte zu spucken, zu schreien. Sie stopften immer wieder den Stoff in meinen Mund. Nach einer Weile warfen sie mich gegen eine Wand und gingen fort.

Nach kurzer Zeit kam einer. Er traktierte mich mit Fußtritten. Ich sollte aufstehen. Die Augen waren fest verbunden. Ich sollte mit den Fingerspitzen die Wand berühren und auf den Fußspitzen stehen. Wieder Fußtritte, Schläge auf den Kopf. Ich merkte, daß ich nicht allein war. Entlang der Wand standen andere Menschen. Von überall kamen Schmerzensrufe, Schreie und Wassergeräusche.

‹Das war nichts im Vergleich zu dem, was dir bevorsteht. Wenn du nicht auspackst, tragen wir deinen Kadaver hier raus›, sagten sie.

‹Ich weiß nichts›, antwortete ich. ‹Zieh dich aus›, sagten sie. Ich empfand es als ungeheuer erniedrigend, mich auszuziehen. Als ob das bisher Geschehene ganz normal gewesen wäre und jetzt etwas Unmögliches verlangt würde. Sie schlugen mich zu Boden. Die Kleider wurden weggezerrt und zerfetzt. Ich war nackt. Sie taten mich in etwas rein. Erst später erfuhr ich, daß es ein Autoreifen war. Ich spürte, wie am rechten kleinen Finger und am rechten Zeh etwas angebracht wurde. Zuerst ein leichtes Zittern, dann wurde der ganze Körper von tiefen Schmerzen erschüttert. Elektroschocks in immer höherer Dosierung. Ich schrie: ‹Was wollt ihr von mir?› Erneute Elektroschocks waren die Antwort. Ich konnte mich nicht bewegen, ich war in dem Autoreifen eingeklemmt. Dann stellten sie die Elektroschocks ein. Ich blieb im Reifen. Wieder Elektroschocks. Nach einer Weile nahmen sie mich aus dem Reifen. Ich wurde an einen nassen Platz gezerrt und auf den Beton gelegt. Ich dachte, jetzt kannst du dich ein wenig ausruhen. In diesem Augenblick wurde kaltes Druckwasser auf den Körper gespritzt. Meine Hände, meine Beine gehorchten mir nicht mehr. Ich war erstarrt. Ich konnte nicht mehr sprechen oder schreien.»

Stunden, Tage, Wochen und Monate vergehen im DAL-Zentrum. In einem der oberen Stockwerke – sie sind «normal» möbliert – werden die Geständnisse schließlich von einem Polizisten in die Schreibmaschine getippt und von den DAL-Opfern unterzeichnet. Geständnisse wie dieses: «Ich bin ein verantwortlicher Militanter und habe mich an der Verbreitung der Organisation Dev-Yol beteiligt, deren Ziel es ist, alle Institutionen und Regierenden der Turkischen Republik mit Waffengewalt aufzuheben und statt dessen eine kommunistische Volksdiktatur, basierend auf dem Arbeiter- und Bauernbündnis und der ML-Ideologie, zu errichten.» Dieses Geständnis wurde von Oğuzhan Müftüoğlu am 5. April 1981 unterzeichnet. Am 22. Juni 1981, fast drei Monate später, gesteht der Angeklagte Akın Dirik vor der Polizei: «Ich bin ein verantwortlicher Militanter und habe mich an der Verbreitung der Organisation Dev-Yol beteiligt, deren Ziel es ist, alle Institutionen und Regierenden der Türkischen Republik mit Waffengewalt aufzuheben und statt dessen eine kommunistische Volksdiktatur, basierend auf dem Arbeiter- und Bauernbündnis und der ML-Ideologie, zu errichten.» Bis hin zu den Syntaxfehlern und dem wirren Inhalt stimmen die Aussagen vor der Polizei überein. Vordrucken gleich finden sich solche Geständnisse zuhauf in den Gerichtsakten: die Beweismittel, aufgrund derer das Kriegsgericht seine Urteile sprach.

Der Polizist Rahman Gümrükçü berichtete im Zeugenstand offenherzig, wie die Protokolle nach der Polizeihaft formuliert wurden: «Wenn der Angeklagte nicht die Wahrheit sagt, wird er der Folter zugeführt und erneut befragt.» Erst später wurde sich Gümrükçü der Ungeheuerlichkeit der Aussage bewußt. Er bat das Hohe Gericht, im Sitzungsprotokoll das Wort «Folter» durch «Verfahren» zu ersetzen. Das Gericht kam seinem Wunsch nach.

Auch die Folterer begehen Fehler. Straftaten, die das Folteropfer unmöglich begangen haben kann, werden «gestanden». «Aus den Aussagen vor der Polizei geht hervor, daß Erdoğan Genç sich am 24.12.1979 an einer illegalen Kundgebung der Organisation beteiligte», vermerkt die Anklageschrift auf Seite 679. Genç erklärt später, daß die Aussage vor der Polizei unter Folter erpreßt wurde. Er könne nicht an einer illegalen Versammlung teilgenommen haben, weil er sich zu diesem Zeitpunkt im Gefängnis befunden habe. Das Geständnis hat einen Schönheitsfehler. Das Gefängnis bestätigt, daß Genç zwischen dem 21. Dezember 1979 und dem 5. Januar 1980 in der Strafanstalt war.

Nicht alle überlebten das DAL-Zentrum. Der Student Behçet Dinlehrer wird als Mitglied von Dev-Yol am 23. November 1980 dort eingeliefert. Sieben Tage später, am 30. November gegen Mitternacht, zerren Zivilpolizisten ihn in die Unfallstation der Universitätsklinik Ankara. Trotz Behandlung im Krankenhaus stirbt er am 15. Dezember. «Zerstörung der Leber infolge eines Traumas», steht auf dem Totenschein. Die Ärztin Ayşe Kars beschreibt später den Zustand Dinlerers. «Die Unterlippe war angeschwollen, das Zahnfleisch blutig. Ich sah Ekchymosen unter den Augen und Anschwellungen am linken Arm. Es befanden sich blaue Flecken am After sowie eine ein Zentimeter große Wunde am Penis. Aufgrund der Schmerzen schrie der Patient von Zeit zu Zeit. Ich informierte die diensthabenden Ärzte in der Chirurgie. Zur Kontrolle der Leber wurde eine Sonde angeschlossen. Dinlerer flehte uns an: ‹Sie haben mir seit drei Tagen kein Wasser gegeben. Bitte gebt mir Wasser.›»

Seit drei Monaten regieren die Militärs in der Türkei. Die Ärzte müssen die bittere Erfahrung machen, daß nicht nur in den Folterzentren und Gefängnissen, sondern auch in der Klinik die Septemberideologie herrscht. Der Arzt Dr. Necati Soykan erinnert sich Jahre später an Dinlerer: «Der Herr Dekan rief mich an und sagte, daß der Patient ein Dutzend Menschen umgebracht habe. Solche Elemente müßten gesäubert werden, sagte er und verlangte, daß die Behandlung in der Ambulanz fortgeführt werden sollte. In der Ambulanz war aber eine Behandlung auf Dauer nicht möglich. Entgegen der Anweisung des Dekans überwies ich den Patienten in die Abteilung für innere Krankheiten. Am Nachmittag kam der Dekan und drohte, daß es mit Personen, die sich um solche Elemente kümmern, ein böses Ende nehmen werde. Der Herr Dekan verlangte von uns, den Patienten dem Tod zu überlassen.»

Andere Angeklagte im Dev-Yol-Prozeß, wie Engin Höke, M. Ali Yılmaz und Mustafa Önçler, haben später über die Folter an Dinlerer im DAL-Zentrum berichtet. «Sie spritzten gerade kaltes Druckwasser in mein Gesicht, und die Augenbinde verrutschte. Ich sah Behçet nackt, an sein Geschlechtsorgan und an die Zehen waren Elektrokabel angeschlossen», sagte Höke im Prozeß aus.

Jahre später bringt der ehemalige Chefmilitärstaatsanwalt von Ankara, Nurettin Soyer, öffentlich den Foltertod Behçet Dinlerers zur Sprache: «Da haben sie einen Jungen namens Dinlerer auf dem Polizeipräsidium verhört und ins Koma versetzt. Der Junge stirbt in der Klinik. Man sagt, er sei Mitglied in einer illegalen Organisation. Das geht mich nichts an. Ich kann vor Gericht für ihn die Todesstrafe fordern. Aber bestrafen muß das Gericht. Die können ihn doch nicht zu Tode schlagen.» Militärstaatsanwalt Soyer geht dem Vorfall nach und leitet ein Ermittlungsverfahren ein. Bald muß er feststellen, wie Kriegsrechtskommandantur und das DAL-Zentrum Hand in Hand die Mörder schützen. Die mit dem Fall beauftragten

Staatsanwälte berichten Soyer, daß der Dekan der Universität den Fall verdunkelt und Ärzte bedroht. Gutachten werden nicht angefertigt oder verschwinden. Soyer läßt den Dekan vernehmen. Am nächsten Morgen um sechs Uhr zitiert Kriegsrechtskommandant Recep Ergun seinen Staatsanwalt zu sich. Er übergibt ihm ein Schreiben: «Sie überschreiten Ihre Kompetenzen. Sie bringen einen Universitätsdekan in eine schwierige Lage.» Es folgen scharfe Auseinandersetzungen zwischen Staatsanwalt Soyer und seinem Kommandanten General Recep Ergun. «Recep Ergun erinnerte daran, daß wir auch wegen des Todes des Angeklagten Zeynel Abidin Ceylan während des Polizeiverhörs ein Ermittlungsverfahren eingeleitet hatten. ‹Wegen dieser Ermittlungsverfahren können die Polizisten nicht mehr Dienst tun. Ermittlungen dürfen Polizisten keinen Schaden zufügen›, sagte er. Kurze Zeit später kam der Rechtsbeirat des Kommandanten und sagte, daß der Kommandant verlange, daß die Ermittlungsverfahren gegen Polizisten eingestellt würden. Kurzum, die politische Polizei handelte mit voller Billigung des Kriegsrechtskommandanten.»

Der Tod von Behçet Dinlerer ist seit neun Jahren Gegenstand eines Gerichtsverfahrens, in dem Folterer der DAL angeklagt sind. Vom Gericht befragt, ob er wisse, wer Dinlerer gefoltert habe, antwortet Soyer: «Ich weiß es nicht. Der Gruppenleiter der DAL kennt das Team, das die Verhöre durchführt. Fragen Sie den damaligen Gruppenleiter Kemal Yazıcıoğlu.» Zwölf Polizisten aus dem Dev-Yol-«Team» der DAL sind vor dem Strafgericht Yenimahalle in Ankara angeklagt, «im Dienst durch Folter einen Menschen getötet zu haben». Bekannte Namen: Bekir Pullu, Uğur Özdemir, Celal Çoban, Mehmet Sait Özer, Bahri Duran, Ferruh Tankuş, Şemistan Çelik, Tuncay Yağmur, Münir Yazdıç, Cevdet Kaya und Rıdvan Güler. Unter Hunderten von ‹Geständnissen› der Angeklagten stehen ihre Namen und Unterschriften als vernehmende Polizisten – die Beweismittel, mit denen das Kriegsgericht Ankara 385 Dev-Yol-Angeklagte am 19. Juli 1989 verurteilte.

Der des Mordes an Dinlerer angeklagte Münir Yazdıç ist mittlerweile Leibwächter des Ministerpräsidenten. Einige der mordenden

Polizisten sind heute flüchtig oder hinter Gittern. Der DAL-Folterer Kommissar Mustafa Haskırış, des Mordes an Zeynel Abidin Ceylan angeklagt, wurde am drittletzten Verhandlungstag aus der Haft entlassen. «Mustafa Haskırış ist aus der Haft entlassen worden, man will, daß wir ihn vorzeitig entlassen», rief der Richter mit lauter Stimme. In Abwesenheit wird Haskırıs am 26. November 1981 zu einer Strafe von vierzehn Jahren verurteilt. Jahre später wird er nach einem Raubüberfall auf einen Juwelier in Ankara gefaßt. Doch zumeist machen die Folterer der DAL keine unangenehmen Erfahrungen mit der Justiz, soweit es um ihre Profession, die Folter, geht. «Ausmerzung» haben schließlich die Generäle auf ihre Fahnen geschrieben. Erst Jahre später stehen viele ehemalige DAL-Mitglieder dann tatsächlich vor Gericht. Wegen Vergewaltigung, Mord an «normalen» Menschen, Raubüberfällen und Schießereien in Nachtklubs.

Militärstaatsanwalt Soyer ist heute pensioniert, sein Kommandant General Recep Ergun ist Abgeordneter der Mutterlandspartei. Staatsmännisch debattiert Ergun über strategische Fragen der NATO und sitzt in parlamentarischen Kommissionen. Als Parlamentarier erhält er viel Post. Briefe wie der des Kommissars Mehmet Yılmaz, eines ehemaligen DAL-Mitglieds, datiert vom 19. April 1986. «Zu einer Zeit, als Sie nicht befördert wurden, haben Sie häufig an unseren Verhören teilgenommen und uns zu Straftaten aufgefordert. Sie standen gerade für die Festnahmen und die Verhöre, Sie sagten uns ‹Scheiße verbindet sich mit Scheiße im Klo, ich bin stolz auf euch.›. Doch Sie konnten nicht verhindern, daß gegen uns Verfahren eröffnet wurden. Sie haben sich während der Prozesse außerordentlich bemüht, doch Sie konnten nicht verhindern, daß wir verurteilt wurden und auf der Straße stehen.» Bürger Yılmaz fordert seinen Abgeordneten auf, per Gesetz der «bedauernswerten Situation meiner Kollegen» ein Ende zu bereiten. Die bösen Geister der Vergangenheit erwachen, sie sind allgegenwärtig.

Das Kriegsgericht Nummer 1 in Ankara hat sich nach der Verkündung der Dev-Yol-Urteile aufgelöst. Es herrscht kein Kriegsrecht mehr in der Türkei. Einige Richter werden in Pension gehen.

Ein paar Dutzend Menschen sind zu lebenslänglicher Haft, sieben Menschen zum Tode verurteilt. Mit einer Bestätigung der Todesurteile durch das türkische Parlament ist nicht zu rechnen – man sorgt sich um das Ansehen des türkischen Staates, der EG-Beitritt steht bevor. Hunderte anderer Haftstrafen, die das Gericht verkündete, decken sich ungefähr mit der Länge der Untersuchungshaft. Die Individualklagen der Verurteilten vor der europäischen Menschenrechtskommission werden noch Jahre in Anspruch nehmen. Das Kapitel Dev-Yol, eine Organisation, die vor dem Militärputsch Hunderttausende Anhänger in der Türkei hatte, scheint abgeschlossen. In irgendwelchen anonymen Wohnungen leben die ehemals Angeklagten – mit Tuberkulose, Lungen-, Ohr- oder Wirbelschäden: die Lungenschäden durch Abwechslung von Elektroschocks und Bespritzen mit kaltem Wasser, die Wirbelschäden durch das Aufhängen am berüchtigten Kreuz, die Ohrschäden durch einfaches Schlagen.

Oğuzhan Müftüoğlu, einer der Hauptangeklagten des Prozesses, lächelte still vor sich hin, als der Richter bei der Urteilsverkündung seinen Namen verlas und ihn zu lebenslänglicher Haft verurteilte. Sonderbares hatte dieser Mann in seiner letzten Verteidigungsrede gesagt: «Ich glaube daran, daß die Generationen der Gegenwart und der Zukunft sich alle Schönheiten des Volkes zu eigen machen werden, daß sie alle Widrigkeiten überwinden und die mittelalterliche Dunkelheit durchbrechen werden, daß sie Erfolg darin haben werden, auf der Grundlage von Gerechtigkeit, dem Ende der Ausbeutung, von Gleichheit und Freiheit eine helle und schöne Türkei zu erschaffen.»

Das Erbe des September

Gespräch mit Akın Dirik und Melih Pekdemir, die nach der Urteilsverkündigung im Dev-Yol-Prozeß nach neunjähriger Haft auf freien Fuß gesetzt wurden. Das Gespräch führte Metin Gülbay. Die Übersetzung besorgte Müjde Özgencil.

Bei den Prozessen, die nach dem September-Putsch eröffnet wurden, waren und sind Justizirrtümer an der Tagesordnung. Was sind die Folgen?

Akın Dirik: Ich möchte mit einer Bilanz der September-Ära beginnen. In den vergangenen zehn Jahren wurde die Bevölkerung durch Repression und Terror eingeschüchtert. Systematisch setzt der Staat die Folter als Repressions- und Herrschaftsinstrument ein. Während des Kriegsrechts im Zeitraum 1978 bis 1987 sind in der Türkei nach offiziellen Angaben mehr als 635 000 Menschen festgenommen worden, mit unglaublichen Begründungen. Fast alle Häftlinge sind gefoltert worden. Ebenfalls nach offiziellen Angaben wurden 202 500 Personen dem Staatsanwalt vorgeführt, gegen 105 348 wurde Klage erhoben, 76 136 wurden verhaftet. 53 000 der Verhafteten erhielten diverse Strafen, davon 480 Todesstrafen, 683mal lebenslängliche Haft und 3500 Haftstrafen zwischen 10 und 24 Jahren.

Ich möchte einige Beispiele aus den Prozessen gegen die Bewegung Dev-Yol in der gesamten Türkei anführen. Das September-Regime behauptet fortwährend, daß die Anhänger von Dev-Yol verführte Studenten und Jugendliche waren. Doch im Çeltek-Prozeß bestand ein Großteil der Verurteilten aus Arbeitern und der Dorfbevölkerung. In Artvin sind bei einer Gesamteinwohnerzahl von 15000 Menschen 1200 beim Dev-Yol-Prozeß angeklagt worden. In diesem Prozeß standen ein Großvater, sein Sohn und sein Enkel gleichzeitig vor Gericht. In Fatsa lief der Prozeß gegen 800 bis 1000 Menschen. In der Ägäis, in Mersin, Adana, Uşak und allen anderen Städten wurden Zehntausende von Menschen unter dem Verdacht, Dev-Yol-Anhänger zu sein, vor Gericht gestellt. Wir haben eine Aufstellung vom zentralen Dev-Yol-Prozeß in Ankara, wo zuerst 574 Personen angeklagt waren. Es waren 94 Arbeiter, 95 Beamte, 65 Selbständige, 28 Lehrer, 22 Architekten bzw. Ingenieure, neun Ärzte, sieben Soldaten, zwei Rechtsanwälte und zwei Journalisten angeklagt. Die Anzahl der Studenten belief sich auf 193. Die Ergebnisse sind das Gegenteil der September-Propaganda. Aus dem Gesagten geht hervor, daß die Dev-Yol-Anhänger keine irregeleiteten, verführten Studenten sind. Es sind Menschen jeder Schicht, die versuchten, sich gegen den Faschismus zu wehren, und uns unterstützten.

Die Ermittlungen wurden, im allgemeinen wie auch bei unserem Prozeß, von rechtsradikalen Polizisten durchgeführt, die der faschistischen Nationalistischen Aktionspartei (MHP) nahestehen. Die Folter wurde zur eigentlichen Ermittlungsmethode. Nach offiziellen Angaben sind diese Polizisten für den Tod von 175 gefolterten Personen verantwortlich. Die September-Justiz ist eine Folter-Justiz. Gegen wirkliche Verbrechen von rechts dagegen zeigen sich Polizei und Justiz milde. So sind die eigentlichen Anstifter und Schuldigen der Massaker von Maraş und Çorum Ende der siebziger Jahre nicht gefaßt worden. Nach außen hin wurde ein Scheinprozeß gegen die MHP geführt. Zuletzt wurden die Parteiführer der MHP freigesprochen. Nur wenige wurden zu unbedeutenden Strafen verurteilt. Damit war die Sache abgeschlossen. Das ist das wahre Gesicht der September-Justiz.

Melih Pekdemir: Die Folterinstitutionen der September-Ära sind genauso wie der Hohe Richterrat, der Türkische Verband der Industriellen und Unternehmer, die Kriegsgerichte und der Nationale Sicherheitsrat effiziente Institutionen. Die Folter wird öffentlich zur Staatspolitik erklärt. Die Folterkammern arbeiten wie staatliche Behörden. Deshalb muß bei der Bewertung der September-Ära das Konzept der Folter als politisches Herrschaftsinstrument angesehen werden. Die Folter ist nicht nur eine Methode der Menschenquälerei zur Erpressung von Geständnissen. Ein Polizist im Präsidium, der mich folterte, ließ einmal folgende Bemerkung fallen: «Was wir dir antun, ist keine Folter. Richtige Folter heißt, daß die Augen ausgestochen werden, daß Organe abgerissen werden, die Zunge abgeschnitten und der Körper mit Feuer verbrannt wird. Das ist Folter. Wir wenden hier einige präzise, technische Verfahren an, um von dir Informationen zu erhalten. Das ist auch ein Beruf, eine Ermittlungsmethode.» Er behauptete, er sei kein Folterer.

Welche technischen Verfahren hat man an Ihnen praktiziert?

Melih Pekdemir: Elektroschocks, Anfesseln und Aufhängen an einem Kreuz. Auf eine sehr technische Art und Weise wurde ich an einem Bein aufgehängt. Die Elektrodosierung war unterschiedlich. Die Augen sind mir nicht ausgestochen worden. Sie haben sich der neuesten Errungenschaften der Technik bedient. Der Folterer glaubte wirklich, er würde eine technische Ermittlung durchführen. Die Folter ist eins der Herrschaftsinstrumente, die die Herrschenden einsetzen, um mit der Ausbeutung fortzufahren.

Die Folter ist die offene Systematisierung von Gewalt und Terror, die allen repressiven Herrschaftssystemen eigen ist. In der Türkei wurden nach dem September die Folterzentren noch nicht einmal verheimlicht. In jeder Stadt ist es ohne weiteres möglich, die Folterzentren ausfindig zu machen, wie alle anderen öffentlichen Gebäude, wie die Post oder das Krankenhaus. Heute steht es selbst in den Zeitungen, daß Generäle an Folterverhören teilnahmen. Man muß begreifen, daß Folter nicht nur einzelne Personen zum Ziel hat, sondern gesellschaftliche Dimensionen und einen politischen Inhalt aufweist. Natürlich hat man sich in der Türkei nicht damit begnügt, Hunderttausende Menschen zu foltern. Gleichzeitig wurden Hunderttausende Folterer ausgebildet. Zahlreiche Folterer laufen frei herum. Für die Zukunft der Gesellschaft ist das eine Katastrophe. Beamte wurden nicht zu Folterern, weil sie Sadisten sind, sondern um weiterhin ihr Gehalt zu beziehen. Diese Maßnahmen wurden systematisch ergriffen, um die Massen zu entpolitisieren. Es war Teil der Politik, die Linke zu zerstören. Heute ist die Türkei ein Land, in dem selbst ein Mitglied der Sozialdemokratischen Volkspartei damit rechnen muß, eines Tages gefoltert zu werden.

Nach dem September hat man versucht, eine Einheitsgesellschaft und einen Einheitsmenschen zu formen. Der September hat eine Folterstimmung im Land geschaffen. Ein Abgeordneter der Mutterlandspartei (ANAP), Mehmet Budak, sagte zum Beispiel auf einer Pressekonferenz: «Warum soll ein Landesverräter nicht gefoltert werden?» Eine andere Abgeordnete der Mutterlandspartei, Rezzan Şahinkaya, sagte: «In unseren Gefängnissen sitzen keine Engel ein. Das sind keine unschuldigen Lämmer, wenn sie abgeführt werden.» Der ehemalige Staatspräsident Evren meint: «Sollen wir sie denn füttern, statt sie aufzuhängen?» Ich meine, daß nicht nur die Folterer schuldig sind. Diejenigen, die diese gesellschaftliche Atmosphäre heraufbeschworen haben, die die Bedingungen für die Folter geschaffen haben, sind gleichfalls schuldig. Die September-Justiz ist auch in diesem Rahmen zu sehen. Bei unserem Prozeß standen die Strafen bereits vor neun Jahren fest. Die Richter wurden umsonst bezahlt. Ihr Gehalt hätte eigentlich den Folterern zugute kommen müssen.

Akın Dirik: Während der Ermittlungshaft sind vier unserer Freunde bei den Folterungen ums Leben gekommen. Zeynel Abidin Ceylan im September 1980, Behçet Dinlerer im Dezember 1980, Adil Yılmaz im Januar 1981 und Şahin Dokuyucu im März 1981. Sie sind im bekannten Folterzentrum DAL exekutiert worden. Wenn sie am Leben wären, wären sie vor Gericht gestellt, vielleicht freigesprochen worden. Während des Kriegsrechts wurde die Polizeihaft auf 90 Tage verlängert. Das ist leicht gesagt, aber es ist in der Tat eine äußerst mühselige Zeitspanne. Ich bin zum Beispiel Ende Januar in Polizeihaft gekommen – Schnee, Eissturm – und erst am 22. Juni dem Staatsanwalt vorgeführt worden – Sommerhitze. Drei Jahreszeiten. Meine Polizeihaft dauerte ziemlich lange, ungefähr fünfeinhalb Monate. Es gibt natürlich keinen Kontakt zu anderen. Weder zum Rechtsanwalt noch zur Familie, zu meiner Frau; zu niemandem gab es Kontakt. Im Folterzentrum DAL, in einer Zelle, muß diese Zeit durchstanden werden. Nur zwei Angeklagte der MHP haben länger als sechzig Tage in Polizeihaft verbracht, bei unserem Prozeß waren es 170 Personen. Sind MHP-Angeklagte länger als neunzig Tage in Polizeihaft gewesen? Nein. In unserem Prozeß waren es 61 Personen.

Bei der Festnahme muß ja eine Straftat vorliegen. Ist je nach Delikt die Dauer der Polizeihaft unterschiedlich?

Akın Dirik: Es sollten bei der Polizeihaft Unterschiede gemacht werden zwischen dem Aufhängen von Transparenten, dem Verteilen von Flugblättern und schweren Delikten. Doch ein rechtsgesinnter Angeklagter, der des siebenfachen Mordes beschuldigt wird, verbringt nur einen Tag im Präsidium, während ein linksorientierter Plakatierer monatelang in Polizeihaft sitzt.

Gibt es Richter, die nach ihrem Gewissen handeln wollten und deshalb zurücktraten oder versetzt wurden?

Akın Dirik: Die Militärrichter können nicht unabhängig urteilen, denn sie sind Befehlsempfänger, ihre dienstlichen Qualifikationen werden von ihren Vorgesetzten beurteilt. In dem Dev-Yol-Prozeß Fatsa war ein Gericht mit fünf Richtern berufen worden. Man meint, dieses fünfköpfige Gericht wird alles untersuchen, wird die Beweismittel würdigen und dann das Urteil verkünden. Doch dann werden Richter umbenannt. Ein bis zwei Umbenennungen wären akzeptabel, zum Beispiel wegen gesundheitlicher Faktoren, wegen Versetzung oder dergleichen. Doch beim Fatsa-Prozeß werden 32 Richter ausgewechselt. Wie kann sich ein Gericht nach zweiunddreißigmaligem Wechsel entscheiden? Genau das ist die September-Justiz. Über sieben Jahre hinweg wurde vor solchen Gerichten gegen uns prozessiert. Bei unserem Prozeß wechselte der vorsitzende Richter dreimal. Und wie haben sie sich entschieden? Zehntausende Seiten Gerichtsprotokolle, Zehntausende Seiten voller Aussagen.

Während der richterlichen Vernehmungen ist folgendes passiert: Die Aussage des Angeklagten vor der Polizei wird vorgelesen. Danach können die Angeklagten vor dem Richter aussagen. Gerade zu dieser Zeit wird aber ein Gesetz verabschiedet, demzufolge die Angeklagten nach dem Gerichtstermin zurück auf das Polizeipräsidium gebracht werden dürfen. Ein Angeklagter, der vor Gericht steht, kann doch nicht wieder auf das Präsidium gebracht werden. Wir haben gegen dieses Gesetz protestiert. Juristen haben protestiert. Diese Bestimmung wurde viel später vom Verfassungsgericht für verfassungswidrig erklärt.

Unsere richterliche Vernehmung hatte begonnen. Mehmet Ali Yılmaz war an der Reihe. Er wurde aufgerufen, war jedoch nicht anwesend. In der Nacht hatte man ihn auf das Polizeipräsidium geführt und im Zusammenhang mit der richterlichen Vernehmung traktiert. Das gleiche passierte mit Sedat Göçmen und Nasuh Mitap. Sie wurden im Gefängnis so zugerichtet, daß sie vor Gericht nicht auftreten konnten. Sie waren ins Krankenhaus eingeliefert worden.

Wie haben sich die Richter verhalten?

Akın Dirik: Wir haben protestiert. Wir sagten den Richtern: Die Männer, die von Ihnen vernommen werden sollen, werden ins Präsidium abgeführt und geschlagen. Man mischt sich in Ihre Angelegenheiten ein. Das Gericht entschied: «Der Antrag der Angeklagten fällt nicht in die Zuständigkeit des Gerichts. Der Prozeß wird fortgesetzt.» Jemand, der an einem Tag bei der richterlichen Vernehmung beweist, daß er für die Tat nicht verantwortlich ist, wird zum Präsidium geführt und gesteht am nächsten Tag alles. Kein Richter steht auf und sagt: «Was ist das für ein Skandal.» Vor Gericht durften 723 Angeklagte nur 23 Zeugen der Verteidigung aufrufen. Uns wurden über 500 Straftaten zur Last gelegt. Passen Sie auf: 121 wurden von mehr als einer Person gestanden. In einem Fall gestanden fünf verschiedene Angeklagtengruppen: «Wir haben es getan.»

Kann die Polizei sich nicht erinnern, wem welche Schuld aufgeladen wurde?

Akın Dirik: Wie alle Behörden arbeitet auch die Polizei unkoordiniert. Weil die Folterer zu beschäftigt sind, verlieren sie den Faden. Ich möchte noch ergänzen, daß in der Türkei Folterpolizisten vom damaligen Staatspräsidenten Kenan Evren belohnt worden sind. Der Polizist Bekir Pullu ist ein Beispiel. Er hat sehr viele Angeklagte gefoltert, darunter Oğuzhan Müftüoğlu und Nasuh Mitap. Gegen ihn wurde ein Ermittlungsverfahren eingeleitet. Er wurde angeklagt. Um sicherzustellen, daß er freigesprochen wird, wurde der Verhandlungsrichter ausgewechselt. Recep Ergun hat dem Folterpolizisten das fünffache Gehalt und eine zusätzliche Prämie zugestanden.

Wie können die Richter solche Urteile mit ihrem Gewissen vereinbaren? Welche Denkprozesse spielen sich im Kopf des Richters ab?

Melih Pekdemir: Die September-Ära bedeutete nicht nur das Leid von Tausenden Gefolterter. Tausende von gewöhnlichen Menschen wurden in dieser Zeit zu Folterern. Zugleich hat das September-Regime die Verfassung für ungültig erklärt und seine eigenen Richter ernannt.

Akın Dirik: Das September-Regime meint: «Auch wenn meine Gesetze gegen die Verfassung verstoßen, darf niemand behaupten, daß sie verfassungswidrig sind.» Wenn die Herrschenden in diesem Ton sprechen, sagt ein von diesem Regime ernannter Richter: «Diese Regierung hat mich beauftragt. Ich bin Beamter, ich mache meine Arbeit!»

Melih Pekdemir: Einer unserer Freunde wurde in der Zeitung *Günaydın* mit großformatigem Foto als siebenfacher Mörder denunziert. Vor sechs Monaten wurde er auf freien Fuß gesetzt. Die einzige Anschuldigung, die gegen ihn erhoben wurde, war die der Mitgliedschaft in einer Geheimorganisation. Wie der Staatsanwalt ausführte – ich zitiere –, «kann es keinen Beweis für die Mitgliedschaft in einer Geheimorganisation geben, weil sie geheim ist». Wir werden jetzt diese Zeitung bloßstellen. Wir werden sie anprangern. Wir werden sagen: «Es gibt in der Türkei September-Journalisten. Journalisten, die mit der Junta kollaborieren, es gibt die Trompeter des Regimes.»

Wie bewerten Sie als jemand, die gerade aus der Haft entlassen wurde, die Situation in den Gefängnissen?

Melih Pekdemir: Jahre nach den Hinrichtungen des September-Regimes wurden am 2. August 1989 zwei weitere Hinrichtungen vollstreckt – ohne Prozeß, ohne Urteil. Vor aller Augen wurden Gefangene, die an der Todesgrenze waren, vom Gefängnis Eskişehir in die Gefängnisse Nazilli und Aydın verlegt. Zwei der Gefangenen wurden zielstrebig getötet. Wo ist da das Ende der September-Ära? Wo sind diejenigen, die gegen den September sind? Die faschistischen Mittel von vor neun Jahren werden nach wie vor praktiziert. In den Gefängnissen kämpfen eine Handvoll Menschen darum, aufrechten Ganges zu leben. Die nicht vollstreckten Hinrichtungen des September werden heute nicht am Galgen, sondern in den Gefängnissen vollstreckt. Leider sind es draußen auch nur eine Handvoll Menschen, die die Menschenehre der Gefangenen verteidigen. Wo sind sie, die Verteidiger der Menschenrechte, die Wissenschaftler, die Journalisten, die Gewerkschaftler?

Warum diese Unsensibilität? Warum unterstützen sie mit ihrem Schweigen die Fortsetzung des September? Bedeutet nicht das Schweigen dazu, daß Menschen an der Todesgrenze in Stahltransportern auf Todesfahrt geschickt werden, eine Billigung der Morde? Zumindest bedeutet es, daß man sich der Gefühlskälte, die der September in die Köpfe der Menschen getragen hat, der Entpolitisierung beugt. Der Vorsitzende der größten Oppositionspartei gab zu diesem Vorfall folgende Stellungnahme ab: «Das ist eine Frage zwischen Ministerium und Gefangenen. Wir mischen uns nicht ein.» Das heißt, wenn ein Mensch einen anderen tötet, ist es ein Problem unter ihnen.

Mag sein, daß sie Hungerstreiks nicht unterstützen können. Meinetwegen können sie gegen einen Hungerstreik sein. Aber wenn Menschen im Hungerstreik in Todeswaggons gesteckt und nach vierundzwanzigstündiger Fahrt ermordet werden und man sagt, das ist ein internes Problem, dann ist das – lassen wir die Demokratie beiseite – mit dem menschlichen Gewissen nicht vereinbar. Weil in der Türkei eine solche hilflose Opposition der Regierung gegenübersteht, kann der Staatsterror unbehelligt funktionieren.

Gespräch mit einem Folterer

Sie waren zwischen 1979 und 1984 Polizist mit der Dienstnummer 63 823. Nach dem Militärputsch wurden Sie an ein «Verhörteam» abkommandiert. Foltern war Ihr Beruf. 1986 haben Sie dann in der Zeitschrift Nokta *über Ihre Tätigkeit als Folterer ausgepackt. Wie sind Sie aufgewachsen? Warum sind Sie Polizist geworden?*

Sedat Caner: Ich bin 1956 geboren worden. Mein Vater war als Polizist in den verschiedensten Städten der Türkei – Istanbul, Hatay, Denizli, Antep, Ankara – im Dienst. Ich erinnere mich noch an seine Uniform. Er beeindruckte mich. Polizist werden war mein Ideal. 1976 fing ich in der Stadtverwaltung Istanbul zu arbeiten an. Nach Arbeitsschluß besuchte ich die Beyoğlu-Abendschule, um das Abitur nachzuholen. 1978 habe ich dann den Abschluß geschafft.

Ihr Vater wurde aus dem Dienst entlassen. Warum?

Sedat Caner: Gegen ihn wurde 1960 ein Ermittlungsverfahren eingeleitet. Als er auf Streife ist, sieht er vor einem Vergnügungsschuppen einen Menschenauflauf. Alle Kellner und Kunden sind auf der Straße und winken den Polizeiwagen herbei. «Drinnen sind Bewaffnete, die von sich behaupten, sie seien Abgeordnete. Sie haben uns alle rausgeschmissen. Auf den Tischen lassen sie die Weiber tanzen.» Zusammen mit den anderen Streifenpolizisten geht mein Vater rein. «Ich bin Abgeordneter. Ich genieße Immunität», sagt einer der Männer und beschimpft meinen Vater. Es kommt zum Handgemenge, mein Vater gibt ihm ein paar Hiebe. Das war alles. Der Kerl war wirklich Abgeordneter. Mein Vater wurde entlassen. Er hat dann als LKW- und Taxifahrer gearbeitet. 1963 wollten sie ihn wieder in den Dienst nehmen, er hat abgelehnt.

Wollte Ihr Vater, daß Sie Polizist werden?

Sedat Caner: Er war dagegen. Er war strikt dagegen. Ich hatte mich bereits 1976 nach dem Militärdienst bei der Polizei beworben. Mein Vater ließ seine Beziehungen zu ehemaligen Kollegen im Istanbuler Polizeipräsidium spielen, so daß meine Bewerbung abgelehnt wurde. Zweimal hat er hinter meinem Rücken verhindert, daß ich angenommen werde. Beim dritten Anlauf 1978 habe ich ihm nichts von meiner Bewerbung erzählt, und sie haben mich prompt genommen.

Polizist werden war auch vom Geld her attraktiv. Ich hatte gerade geheiratet. Um den Hausrat zu kaufen, hatte ich mich verschuldet, das Abbezahlen der Raten stand an. Bei der Polizei verdiente man das Dreifache dessen, was bei der Stadtverwaltung gezahlt wurde.

Wann begann die Polizeischule?

Sedat Caner: Am 10. August des Jahres 1978.

Sie erinnern sich an das genaue Datum. Ist an diesem Tag etwas Besonderes geschehen?

Sedat Caner: Es ist nichts Besonderes passiert. Wir waren 312 Polizeianwärter. Mein Militärdienst war gerade zwei Jahre her. Die Polizeischule kam mir wie die Militärzeit vor. Du weißt, daß du zu gehorchen hast. Du wartest auf den Tag, wo du aktiv Dienst tun kannst. Daß ich mich genau an das Datum erinnern kann, hängt damit zusammen, daß der Eintritt in die Polizei mein ganzes Leben verändert hat. Die dreieinhalb Monate Polizeischule haben einen neuen Lebensabschnitt eingeleitet.

Welche Unterrichtsfächer wurden gegeben?

Sedat Caner: Das türkische Strafrecht, Gruppenpsychologie, Aufgaben der Bereitschaftspolizei, Kriminalistik, Ballistik, türkische Geschichte.

Haben Sie dort etwas über Verhörmethoden erfahren?

Sedat Caner: Nein, das kam später bei einem Fortbildungskurs in der Polizeischule Gürçeşme in Izmir. Dort lernst du die schwachen Stellen des Körpers kennen, die Stellen, wo du Personen großen Schmerz zufügen kannst. Sie erklären dir, wie du jemanden zum Sprechen bringst. Aber richtig in der Praxis lernst du es erst, wenn du aktiv im Dienst bist. Bis zum 12. September kannte man doch nur die *falaka* (die traditionelle Foltermethode, die Bastonade). Und man schlägt und ohrfeigt. Nach dem 12. September fing die systematische Folter an. All die verfeinerten Foltermethoden – Elektroschocks, der Palästinahaken – wurden nach dem September eingeführt.

Sie sind viel in der Türkei rumgekommen.

Sedat Caner: Ich kenne fast alle Provinzen der Türkei. Ich war eigentlich Verhörexperte im Bezirk des 6. Armeekorps mit Sitz in Kahramanmaraş. Aber um Razzien auf Personen durchzuführen, die unser Gebiet verlassen hatten, fuhren wir auch in andere Provinzen. Wir nahmen die Leute dann fest und übergaben sie der politischen Polizei des betreffenden Bezirks. Sie wurden dem betreffenden Verhörteam übergeben.

Wie viele Menschen haben Sie gefoltert?

Sedat Caner: Ich kann keine Zahlen nennen. Es gibt ja auch Geschichten, wo ich nur dabei war. Es gibt Geschichten, wo ich aktiv tätig war, und Geschichten, wo ich nur passiv tätig war, zum Beispiel an der Schreibmaschine, wo ich die Aussagen der Person aufnahm. Nur bei einem Teil der Personen war ich selbst aktiv.

Also hundert oder zweihundert?

Sedat Caner: Also zweihundert ganz sicher.

Haben Sie einmal versucht hochzurechnen, wie viele Menschen nach dem Putsch in der Türkei gefoltert wurden, wenn allein Sie zweihundert Menschen gefoltert haben?

Sedat Caner: Ich glaube, im Durchschnitt ist aus jedem Haushalt einer in diese Geschichte reingegangen. Manchmal sind alle Söhne bzw. Töchter einer Familie dorthin gekommen. Also einer pro Haushalt ist ganz sicher zur politischen Polizei gekommen.

Können Sie der Reihe nach die Foltermethoden aufzählen?

Sedat Caner: Der Palästinahaken, der Metzgerhaken, der Operationstisch, die Schildkrötenzelle, Salzkäse, das Kreuz, die Abwassergrube.

Was hat es mit dem Palästinahaken auf sich?

Sedat Caner: Also der Palästinahaken war bereits in anderen Ländern angewandt worden. Es ist die effektivste Foltermethode. Dieses erprobte Foltersystem wurde nach dem September auch in der Türkei eingeführt. Dem Palästinahaken kann man nicht lange widerstehen. Die Hände werden rücklings mit einem Riemen gefesselt. In der Mitte des Riemens ist ein Loch. Durch das Loch wird eine Stange gesteckt. Man stellt die Person auf einen Stuhl, und die Stange wird an zwei Haken an der Decke befestigt. Der Stuhl wird weggezogen. Schulterblatt und Rippe drücken entsetzlich auf die Lunge. Spätestens nach 20 Minuten ist die Person bewußtlos. Sie erwacht dann mit Elektroschocks. Ein Stromkabel ist an die Zehe, das andere an das Sexualorgan angeschlossen.

Haben Sie je erlebt, daß ein Mensch am Palästinahaken nicht bewußtlos wurde?

Sedat Caner: 99 Prozent der Personen fallen in Ohnmacht. Nur einen habe ich kennengelernt, der wach blieb. Ein Kerl, der noch nicht einmal preisgab, daß er Schmerzen verspürte: Garbis Altınoğlu. Sie haben Garbis nicht in Istanbul zum Sprechen gebracht, nicht in Adana. Er kam in Maraş an und sagte immer folgendes:

Mein Körper hält es nur bis zu einer bestimmten Grenze aus. Zum Schluß wird der Körper nicht mehr mitspielen, und ich werde sterben. Falls ich spreche, werde ich hingerichtet werden. Aber immerhin habe ich bis zur Hinrichtung die Gelegenheit, mich zu verteidigen. Er hat keinen einzigen Namen genannt. Ich habe kürzlich in der Zeitung gelesen, daß er im Gefängnis Sinop sieben Monate Isolationshaft zur Strafe gekriegt hat.

Aus wie vielen Polizisten besteht ein Folterteam?

Sedat Caner: In der Regel besteht ein Verhörteam aus drei oder vier Polizisten. Manchmal wird in Schichten gearbeitet. Wenn die Person sehr wichtig ist, wird rund um die Uhr gefoltert.

Nahmen auch hochgestellte Militärs an den Folterungen teil?

Sedat Caner: Selbstverständlich. Brigadegeneral Yusuf Haznedaroğlu, damals stellvertretender Kriegsrechtskommandant in Kahramanmaraş, war fast durchgängig bei uns im Verhörzentrum. Weiter ein Beamter des türkischen Geheimdienstes MIT, der Leiter der politischen Polizei, der Gruppenleiter der Verhörabteilung und ein Nachrichtenoffizier. General Haznedaroğlu setzte sich immer an seinen Tisch, hörte zu, schaute sich das Ganze an und machte Notizen. Manchmal mischte er sich ein: «Der lügt.»

Hat der General auch die Foltermethode – ob Palästinahaken, Operationstisch oder Metzgerhaken – bestimmt?

Sedat Caner: Es kam auf die Person an. Wenn ein Führer einer Organisation da war, konnte er sich nicht vom Verhörzentrum trennen und erteilte detaillierte Befehle.

Die 27jährige Cennet Değirmenci wurde 1982 durch Folter ermordet. Sie sind zusammen mit den Polizisten Hüseyin Gülersönmez und Mustafa Yazıcı 1984 vor Gericht der Tat für schuldig befunden und verurteilt worden. Können Sie über den Tod von Cennet Değirmenci etwas sagen?

Sedat Caner: Unser Team war hinter einem Kurier her, einer Frau. Meryem Dışkaya war ihr Name. Imam Pehlivanlı hatte während unseres Verhörs ausgepackt und nannte uns eine Adresse. Wir nahmen ihn mit und fuhren nach Gaziantep. Das Übliche: Umstellen der Wohnung, Razzia, Hausdurchsuchung. Unser Teamleiter Hüseyin Gülersönmez nahm zusammen mit dem Gazianteper Team, das uns begleitete, Cennet Değirmenci zum Verhörzentrum mit. Mustafa Yazıcı und ich blieben in der Wohnung und stellten eine Falle. Als niemand kam – es war halb drei in der Nacht –, machten wir uns auf den Weg zum Verhörzentrum. Es liegt genau gegenüber der Panzerbrigade in Gaziantep. Als wir ankamen, empfing uns ein Kollege vom Gazianteper Verhörteam. Er sagte: «Ist der Typ überhaupt kompetent. Die schreit seit heute Mittag ganz jämmerlich. Er hat sich ins Zimmer eingeschlossen und läßt niemanden rein.» Ich ging hin, sagte «Hier ist Bart», und Gülersonmez öffnete die Tür. Sie war tot. Wir luden sie ins Auto und fuhren Richtung Maraş. Ich fuhr mit dem Auto zur Kriegsrechtskommandantur in Maraş und ging dann nach Hause.

Um 8.30 Uhr am nächsten Morgen haben mich Yazıcı und Gülersönmez abgeholt. Wir gingen zum General Haznedaroğlu. «Wie ist es passiert?» fragte er. Wir erzählten. «In Ordnung. Bringt sie zum Krankenhaus. Sofort rein ins Krankenhaus, ohne daß sie jemand untersucht, und ins Krankenempfangsbuch eintragen.» Es ist üblich, Leichen ins Krankenempfangsbuch einzutragen. So kann man beweisen, daß sie lebendig eingeliefert wurden. An dem Tag lief aber alles schief. Der diensthabende Arzt kam gerade zur Tür heraus, als wir ankamen. «Rührt euch nicht, ich werde sie untersuchen», sagte er. «Müßt ihr denn laufend Leute zu Krüppeln schlagen und hinterher hierherbringen. Ab ins Leichenschauhaus.» Das Krankenempfangsbuch klemmte er unter die Schulter und ging weg.

Ich ging zu General Haznedaroğlu und berichtete ihm alles. «Diese Geschichte wird mir zu heiß. Ich werde die Wahrheit erzählen», sagte ich. Der General wurde wütend: «Zu einer Zeit, wo überall im Ausland über Folter in der Türkei geredet wird, willst du das erzählen? Du willst dieser üblen Propaganda in die Hand arbeiten? Bist du etwa ein Vaterlandsverräter? Hab keine Angst wegen der Autopsie. Das werde ich mit dem Staatsanwalt und dem Arzt regeln.» Er zitierte getrennt den Staatsanwalt und den Arzt zu sich. Aber es war ein Fehler, nicht gemeinsam mit ihnen zu reden. Alles lief schief. Der Staatsanwalt war neu und hatte seinen ersten Diensttag, Staatsanwalt und Arzt kannten sich nicht. Während der Autopsie traute einer dem anderen nicht. Ich war auch drin und habe mir Cennet angesehen. Überall an ihrem Körper die Spuren. Nun, dann kam der Autopsiebericht: «Tod durch Gehirnblutung aufgrund von Gewalteinwirkung.»

Ein Rat setzte sich zusammen: der stellvertretende Polizeipräsident, ein Hauptmann von der Gendarmerie, ein Nachrichtenoffizier, der Leiter der Abteilung 2 beim Polizeipräsidium. Sie hatten ein Protokoll aufgesetzt. «Unterschreibt das», sagten sie. Eine Aussage in folgender Art: «Wir haben sie festgenommen. Als wir sie um drei Uhr zum Präsidium brachten, wurde ihr schlecht und sie starb.» Ich habe mich geweigert, das Protokoll zu unterschreiben, weil dieses Protokoll uns zu dritt belastet hätte. «Solange der Autopsiebericht von Gewalteinwirkung spricht, werde ich das Protokoll nicht unterschreiben», sagte ich. In dieser Nacht sprach der General mit allen Beteiligten, bis hin zum Krankenpfleger. Vor aller Augen wurde der erste Autopsiebericht zerrissen, und ein neuer wurde angefertigt. Ein Arzt bearbeitete die Leiche mit einer Lanzette – sie sollte schneller verfaulen. Die Staatsanwaltschaft stellte die Ermittlungen ein. Der Fall war vorbei. Später wurde die Geschichte wieder aufgerollt. Es kam zum Prozeß und zur Verurteilung.

Warum hatte Gülersönmez Cennet Değirmenci getötet? War er kein erfahrener Folterer?

Sedat Caner: Doch, doch. Ich weiß auch nicht, wie es passieren konnte. Am Tag zuvor hatte ihn der General fertiggemacht.

Warum?

Sedat Caner: Ein anderes Team war hinter der gleichen Organisation her wie wir. Sie hatten jemanden, den sie zum Sprechen gebracht hatten, und schlugen dann zu. Wir sagten uns, das Verhör hat Zeit bis morgen, und fuhren nach Gaziantep. Weil Gülersönmez Chef unseres Teams war, hat er die Schelte vom General abgekriegt. Das nächste Verhör in dieser Sache war Cennet Değirmenci.

Wie sah Cennet Değirmenci aus?

Sedat Caner: Ich habe sie ja nur kurz gesehen – in der Wohnung, dann bei der Autopsie die Leiche voller blauer Flecken.

War sie blond oder dunkel?

Sedat Caner: Weder blond noch dunkel. Also mehr dunkel als blond.

Haben Sie Menschen, die Sie gefoltert haben, später wiedergesehen?

Sedat Caner: Nachdem ich in der *Nokta* ausgepackt hatte, haben mich einige Male Menschen angesprochen. Einmal kam ein Mann. «Kannst du dich an mich erinnern?» Ich sagte: «Nein.» Er sagte seinen Codenamen, und ich erinnerte mich. «Warst du auch bei meinem Verhör dabei?» fragte er. Ich sagte: «Nein.»

Sie leben von Ihrer Frau getrennt und sind geschieden. Hat Ihr Beruf bei der Scheidung eine Rolle gespielt?

Sedat Caner: Unmittelbar. Der Grund unserer Scheidung war mein Beruf. Ich war zufällig in Iskenderun in dem Team, das ihren Bruder verhaftet hat. Später im Gefängnis hat er es ihr erzählt. Sie machte mich für seine Verhaftung und Folterung verantwortlich.

Wie lange wurde er gefoltert?

Sedat Caner: Er war über zwanzig Tage im Polizeipräsidium Iskenderun. Sowohl im ersten als auch im zweiten Stock. Beide Stockwerke haben Verhörzimmer.

Konnten Sie denn nicht für ihn eintreten? Verhindern, daß er gefoltert wird?

Sedat Caner: Du kannst dich während des Verhörs für niemanden einsetzen. In dem Augenblick, wo du intervenierst, werden dir selbst die Augen verbunden, und du kommst dran. Jeder hat Angst vor dem anderen. Wenn du gegen die Folter aufbegehrst, bist du sofort selber dran. Ein Kollege ist einmal ausgerastet. Er zog seine Waffe und sagte: «Jetzt ist Schluß. Das ist doch auch ein Mensch.» Es war Anfang 1982 in Maraş. Der Verhörte, ein Lehrer, lag gerade auf dem «Operationstisch». Mehrere Teams bearbeiteten ihn rund um die Uhr. Es war ein PKK-Mann. Sie haben den Kollegen nach Istanbul gebracht und ihm PKK-Zugehörigkeit angehängt. Zufall: Weil der Kollege ausgerastet ist, als gerade ein PKK-Mitglied gefoltert wurde, ist er zum PKKler erklärt worden. Ich hatte stets vor Augen, was mit Kollegen, die aussteigen wollten, passiert ist. Der Polizist Celal Ergün – er war auch bei der politischen Polizei – ist ungeheurer Folter unterzogen worden.

Wußte Ihre Ehefrau, daß Foltern Ihr Beruf ist?

Sedat Caner: Nein.

Haben Sie nie über Ihren Beruf geredet?

Sedat Caner: Nein, nie.

Sie kamen doch wahrscheinlich mit schweißgebadeten Kleidern von der Arbeit zurück. Sind keine Zweifel aufgekommen?

Sedat Caner: Nein.

Duschten Sie, wenn Sie nach der Arbeit nach Hause gingen?

Sedat Caner: Regelmäßig. Ich duschte und wechselte die Kleider.

Half das Duschen, die Arbeit zu vergessen?

Sedat Caner: Nachdem ich aktiv in diese Geschichten involviert war, hatte ich auch zu Hause keine innere Ruhe mehr. Du bist ständig unter Streß. Es wird durch Duschen nicht gelöst. Sonst hätte ich fünfzigmal hintereinander geduscht. Wenn du dich ins Bett legst, flimmert dein ganzer Arbeitstag wie ein Film vor deinen Augen. Du weißt nicht, was du dagegen unternehmen kannst. Du bist allein. Du hast das Beispiel derjenigen vor Augen, die aussteigen wollten. Du bist nur ein Zahnrad in einem gewaltigen Getriebe.

Frauen wie Männer werden – die Augen verbunden – nackt ausgezogen, bevor die Folter beginnt. Die Folterer sind Männer. Gab es Fälle von sexuellem Mißbrauch bzw. Vergewaltigung?

Sedat Caner: Ich habe keine einzige Vergewaltigung gesehen. Ab und zu hörten wir von einer Vergewaltigung. Es sprach sich herum. Es sind aber Ausnahmefälle. Es ist keineswegs die Regel. Es macht überhaupt keinen Unterschied, ob du einen Mann oder eine Frau vor dir hast. Es ist die zu verhörende Person. Auch die Foltertechniken differieren nicht. Was am Mann angewandt wird, wird auch an der Frau angewandt.

Es ist die Rede von «Operationstisch», «Metzgerhaken», «Technik», «Verfahren». Ist die Tätigkeit des Folterers mit der Tätigkeit eines Arztes – sagen wir eines Chirurgen am OP-Tisch, der einen Nierenstein entfernt – vergleichbar?

Sedat Caner: Ja. Der Chirurg hat ein bestimmtes Ziel vor Augen. Um den Patienten zu heilen, entfernt er durch die Operation irgendeinen Teil im Körper. Der Folterer hat auch ein Ziel vor Augen. Der Verhörte ist ein Vaterlandsverräter, ein Schädling. Du mußt ihn zum Sprechen bringen. Aus seinem Mund muß ein Geständnis kommen. In diesem Augenblick ist der Verhörte kein Mensch. So bist du erzogen worden. Der Folterer ist wie ein Roboter. Es gibt keinen Ausstieg. Wenn du kündigst, wird dein Kündigungsschreiben vor deinen Augen zerrissen.

Die Folterpolizisten sind also keine Sadisten oder besonders gewalttätig?

Sedat Caner: Ich habe auch Leute kennengelernt, die Lust dabei verspürten. Sagen wir, eine Person hat unter Folter alles ausgepackt. Du kannst nichts mehr aus ihm rausholen. Es gab einige, die weiter gemacht haben, ohne Fragen zu stellen. Bloß zur Befriedigung ihrer sadistischen Triebe. Zum Beispiel Fikri Özay – er machte später als Chefkommissar im Rauschgiftdezernat Karriere. Das Zerquetschen der Hoden war seine Erfindung. Foltern machte ihm Spaß. Aber das sind Einzelfälle. Doch Folter als Verhörmethode ist kein Einzelfall. Es ist Staatspolitik. Von oben kommt die Anweisung. Alle wissen darum. Bis zum 12. September kannten wir das nicht. Ich arbeitete zuvor bereits bei der politischen Polizei. Nach dem September kam ein Schreiben. Ich wurde zum Verhörkurs in die Polizeischule Gürçeşme in Izmir abkommandiert. Niemand hat mich gefragt.

Im Januar 1986 haben Sie in der Zeitschrift Nokta *über Ihre Tätigkeit als Folterer ausgepackt. Wochenlang waren Sie in den Schlagzeilen der türkischen Presse. Hunderte Gefolterte faßten Mut und berichteten über erlebte Folter. Die Regierung hat Sie damals regelrecht zum Staatsfeind erklärt. Der damalige Ministerpräsident und heutige Staatspräsident Turgut Özal sagte: «Es gibt keine Folter, es gibt nur Beamte, die die Nerven verlieren.» Der damalige Innenminister und jetzige Ministerpräsident Yıldırım Akbulut bezeichnete Sie als «Psychopathen».*

Sedat Caner: Im Gefängnis Ankara hat sich der Gefängnispsychiater lange mit mir unterhalten. Zum Schluß der Gespräche sagte er: «Wenn du geisteskrank sein sollst, bin ich ebenfalls geisteskrank.» Als die Veröffentlichungen in der *Nokta* erschienen, war ich gerade im Begriff, mich ins Ausland abzusetzen. Es wäre kein Problem gewesen. Alles war arrangiert. Dann begann die Propaganda: «Agent eines verfeindeten Staates», «Psychopath», «Linksradikaler», «Alles erstunken und erlogen». Falls ich ins Ausland geflohen wäre, hätten sie es viel leichter gehabt, meine Aussagen abzustreiten. Meine Flucht ins Ausland wäre für sie ein gefundenes Fressen gewesen. Deshalb habe ich mich entschlossen, in der Türkei zu bleiben.

Was hat Sie bewegt auszupacken?

Sedat Caner: Ich hatte ständig Gewissensbisse. Ich war ja nicht mehr bei der Polizei. Scheinbar war ich befreit von dem Alptraum. Aber es gab Tausende, die von Leuten wie mir weiter gefoltert wurden. Ich hatte die fixe Idee, dieses Getriebe zum Stillstand zu bringen. Ich hatte mich lange vor der Veröffentlichung in *Nokta* entschlossen auszupacken. Es ist ein Kampf mit dir selbst. Du denkst darüber nach, was die Folgen sein werden. Du denkst daran, daß du ins Gefängnis kommen wirst. Du bereitest dich darauf vor, selbst gefoltert zu werden. Letztendlich habe ich über den Tod nachgedacht. Darüber, daß sie mich umbringen werden, um mich zum Schweigen zu bringen. Als ich soweit war, als ich den Tod ins Auge gefaßt hatte, bin ich zur Presse gegangen.

Zuvor war ich belastet. Du denkst an deine Frau und an deine Kinder. Du bist noch im Beruf. Als ich den Entschluß faßte, war die ganze Familie bereits zerstört. Ich war nicht mehr bei der Polizei. Die ganzen Ereignisse gehen dir durch den Kopf. Du wirst von Gewissensbissen geplagt. Dann kam der Entschluß.

Nach Ihren Veröffentlichungen erklärte Innenminister Akbulut: «Es gibt Mitglieder der Sicherheitskräfte, die verurteilt sind, obwohl sie unschuldig sind. Deshalb haben wir das Polizeigesetz verabschiedet. Unseren Mitarbeitern, die wegen ihres Dienstes vor Gericht kommen, zahlen wir das Anwaltshonorar.» Was bezweckte er mit dieser Erklärung?

Sedat Caner: Sie fürchten sich ungeheuer vor einem zweiten Sedat Caner. Nach meinen Veröffentlichungen haben sie die Gehälter erhöht. Es gab Zulagen. Sie hatten ja gerade ein Amnestiegesetz vorbereitet. Alle Beamten, die unter dem Kriegsrecht im Dienst Straftaten begangen haben, sollten amnestiert werden. Alle Personen, die wegen Folter verurteilt waren, wären wieder an ihre Arbeit zurückgekehrt. Alle laufenden Verfahren wären eingestellt worden. Nach meinen Veröffentlichungen gab es einen so großen Aufruhr, daß sie sich nicht trauten, dieses Gesetz zu verabschieden. Deshalb haben sie das Schwergewicht auf die Gewährung materieller Vorteile gelegt. Es gibt eine Reihe von Personen, denen schließlich attraktive Jobs in Großkonzernen verschafft wurden.

Was ist aus Ihren Kollegen geworden?

Sedat Caner: Diejenigen, die in der Septemberphase bei der politischen Polizei waren, sind heute zumeist in anderen führenden Positionen. Beim Rauschgiftdezernat, beim Finanzdezernat, beim Morddezernat. Natürlich haben sie all das, was sie bei der politischen Polizei gelernt haben, in die anderen Dezernate mitgenommen. Wenn früher ein Verdächtiger verhört werden sollte, kam er an die *falaka*. Was soll ich mich mit der *falaka* abplagen, wird heute gesagt. Die *falaka* hinterläßt Spuren, der Palästinahaken und Elektroschocks nicht. Nimm ihn an den Palästinahaken, und es dauert zehn Minuten. Der eine zeigt es dem anderen. Sagen wir, einer wird strafversetzt und kommt in eine normale Polizeiwache. Diebstahl etc. steht an. Auch dort wird er sein bewährtes System einsetzen. Wie eine ansteckende Epidemie hat sich die Folter in der Polizei ausgebreitet. Den Vorgesetzten paßt es in den Kram. Man kommt auf eine hohe Aufklärungsrate in dem Bezirk. Ob schuldig oder unschuldig – ein Schuldiger wird sicher gefunden.

Im Februar 1984 wurden Sie vom Kriegsgericht zu einer Haftstrafe verurteilt, die Sie zunächst nicht antreten mußten. Im November dann bestätigte der militärische Kassationshof das Urteil. Sie waren zu dieser Zeit nicht mehr bei der politischen Polizei, sondern als Leibwächter des Justizministers Necat Eldem tätig. Wie haben Sie von der Entscheidung des Kassationshofs erfahren?

Sedat Caner: Ein Kollege rief mich im Justizministerum an und sagte es mir. Ich ging zum Minister und schilderte ihm die Lage. Als er hörte, daß das Urteil vor einem Militärgericht ergangen war, bekam er Schiß. «O weh, reiß mich nicht in diese Geschichte.» – «Brauchst du Geld?» fragte er. Ich antwortete, daß ich genügend Geld hätte. Der Minister war ein sehr ängstlicher Waschlappen. Kurze Zeit später ließ Hüseyin Gülersönmez meiner Frau – wir lebten damals getrennt – eine Nachricht zukommen. Meine Frau gab den Zettel meiner Schwester, die ihn mir übergab. Gülersönmez wollte mich in einem Anwaltsbüro nahe des Gesundheitsministeriums in Ankara treffen. Ich ging hin. Eine Reihe von Leuten saßen da: neben Mustafa Yazıcı und Hüseyin Gülersönmez auch der Regionalbevollmächtigte des türkischen Geheimdienstes MIT, Abdülkadir Gökteuçar. «Sie können in jedes Land ihrer Wahl ausreisen», sagten sie.

Wie ist so etwas möglich? Gülersönmez, Yazıcı und Sie waren doch rechtskräftig verurteilt und wurden steckbrieflich gesucht?

Sedat Caner: Ja, das Urteil war bestätigt worden. Aber gesucht wurden wir nur zum Schein. Gülersönmez und Yazıcı haben bis heute nicht gesessen. Und ich kam nur ins Gefängnis, weil ich später über die Folter ausgepackt habe.

Bei dem Gespräch in dem Anwaltsbüro sagte ich den Leuten, daß ich ihre Hilfe nicht bräuchte, um ins Ausland zu fliehen. Ich sagte ihnen, daß ich mit der Wahrheit rausrücken würde. Sie erkannten, daß es keinen Sinn hatte, auf mich einzureden. Einer der Herren entfernte sich. «Entschuldigung, ich muß zur Toilette.» – «Ich muß auch kurz», sagte ich und machte mich davon. Ich ging ins Gesundheitsministerium. Ich hatte ja noch meinen Ausweis «Politische Polizei». «Verschwindet», sagte ich den Sicherheitsbeamten dort. Vom Gesundheitsministerium verfolgte ich den Herrn, der angeblich zur Toilette wollte. In Wirklichkeit war er zum Hotel Kent gegangen, um zu telefonieren. Kurze Zeit darauf war das Anwaltsbüro umstellt mit Polizei. Ich habe noch genau das blöde Gesicht von Hüseyin Gülersönmez vor Augen. Eine Zeitlang suchten sie mich. Gülersönmez und Yazıcı waren die letzten, die sich vom Ort entfernten. Danach bin ich untergetaucht.

Im Februar 1986, über ein Jahr später, erschienen Ihre Veröffentlichungen in der Nokta. *Unmittelbar darauf haben Sie sich gestellt. Wie ging das vor sich?*

Sedat Caner: Ich nahm Verbindung zur Ankaraer Anwaltskammer auf. Ich telefonierte mit dem Vorsitzenden Teoman Evren. Ich sagte, daß ich mich stellen würde, wenn die Anwaltskammer für mein Leib und Leben garantieren könne. Er bat sich eine Frist aus. Später rief ich noch einmal an. Er sagte, daß der Vorstand darüber beraten habe. Die Sache sei geregelt, sie kämen für meine Sicherheit auf. Es wurde abgesprochen, daß von jeder Zeitung ein Reporter und ein Vertreter von jeder Partei eingeladen werden sollten. In Begleitung der Anwälte sollte ich mich im Anschluß an die Pressekonferenz dem Staatsanwalt stellen. Zur verabredeten Zeit ging ich zur Anwaltskammer. Alles war vorbereitet. Die Presse war da. Ich erklärte, daß alle meine Aussagen der Wahrheit entsprechen und ich mich stellen werde.

Doch die Anwaltskammer war mit dem Staatsanwalt nicht einig geworden. Der Oberstaatsanwalt hatte den Anwälten erklärt, daß ich mich nicht bei ihm stellen könne. «Ich will ihn nicht der Polizei übergeben. Wenn ihm etwas geschieht, bereitet mir das nur Ärger», soll er gesagt haben. Nach langem Hin und Her und mehreren Telefonaten erklärte sich der Oberstaatsanwalt schließlich doch bereit, mich festzunehmen. In Begleitung der Anwälte gingen wir zu ihm. Aber da lehnte er es wieder ab, weil ich keinen Ausweis bei mir hatte. «Wie soll ich wissen, daß du Sedat Caner bist», sagte er. Dann war es endlich soweit. «Ich übergebe dich den Gerichtspolizisten. Es sind die Polizisten, zu denen ich das größte Vertrauen habe.» Bis zum Gefängnis haben die Anwälte, der Präsident der Anwaltskammer und die Journalisten mich begleitet. Wochenlang wachten Journalisten vor dem Tor des Zentralgefängnisses Ankara.

Sie waren bis zum 10. November im Gefängnis. Wie war der Gefängnisaufenthalt?

Sedat Caner: Zuerst war ich im Gefängnis Ankara. Dann zweieinhalb Monate in Isolationshaft im Gefängnis Amasya. Bis in der *Hürriyet* ein Artikel darüber erschien. Darauf verlegten sie mich in normale Zellen. Dann das Gefängnis Izmit und schließlich Kandıra. Aus dem Gefängnis Kandıra wurde ich entlassen.

Kamen Briefe im Gefängnis an?

Sedat Caner: Es kamen einige Briefe, deren Schreiber mich verfluchten. Doch die meisten Briefe gaben mir moralische Unterstützung. Sie schrieben, daß ich gut daran getan hatte, alles öffentlich zu erzählen. Einige Stellen waren stets geschwärzt. Mit Waschlauge haben wir versucht, die schwarzen Balken abzuwaschen. Bis die Gefängnisleitung dahinter kam und Passagen mit der Schere ausschneiden ließ. Einmal hat mich der frühere Staatsanwalt Kemal Ertem, der bei dem Tod von Cennet Değirmenci dabei war, angeschrieben. Er bedaure, daß er mir damals nicht habe helfen können. Er hätte große Angst vor dem General gehabt. Ich hatte ausgesagt, wie der erste Autopsiebericht vor aller Augen zerrissen wurde. Der Staatsanwalt schrieb, daß er Frau und Kinder habe und ich nicht mit seiner beruflichen Karriere spielen solle. Ich habe ihm nicht geantwortet. Der Arzt und Staatsanwalt Ertem sind später auch angeklagt und freigesprochen worden.

Wegen Ihrer Aussagen in Nokta *sind viele Prozesse gegen Sie eröffnet worden.*

Sedat Caner: Ja. In Malatya, in Iskenderun, in Maraş, in Istanbul. Unzählige Anklageschriften kamen im Gefängnis an. Wegen Falschaussage, wegen Beleidigung und Herabsetzung des Ansehens des Staates, wegen übler Nachrede und Beleidigung der Sicherheitskräfte. Ich wurde in den Prozessen freigesprochen. Aber ich wurde auch ständig von gefolterten Angeklagten, die in Untersuchungshaft saßen, als Zeuge benannt. Ich kann mich an die Zahl gar nicht mehr erinnern. Pro Tag mußte ich manchmal in zwei oder drei Verfahren aussagen. Eine Zeitlang brachten sie mich zur Vernehmung ins Justizgebäude. Es wurde für sie zu aufwendig. Später wurden meine Aussagen im Gefängnis aufgenommen.

Als Sie gefoltert haben, waren Sie Beamter. Sie haben dann ausgepackt. Haben Sie Angst vor dem Staat?

Sedat Caner: Ich weiß, daß sie hinter mir her sind. Sie warten darauf, daß die Erregung sich legt. Es ist wichtig, daß ich mit Journalisten spreche. Wenn mir etwas zustößt, ist klar, wer dafür verantwortlich ist. Deshalb sind sie zurückhaltend. Als ich mit dem Auto hierher kam, hielt mich ein Verkehrspolizist an, weil ich falsch abgebogen war. Er erkannte mich und ließ mich sofort laufen. In den Gefängnissen, in denen ich einsaß, waren die Gefängnisleiter zutiefst über meine Anwesenheit beunruhigt. Sie setzten alles daran, mich schnell wieder loszuwerden.

Wie war die Arbeitssuche nach Ihrer Entlassung?

Sedat Caner: Einige Journalisten waren mir behilflich. Sie klopften bei fortschrittlicheren, sozialdemokratischen Unternehmern an, um mir einen Job zu verschaffen. Alle haben es mit der Angst zu tun gekriegt. Ihnen wurde gedroht. Bis zum Oktober 1989 war ich arbeitslos. In Izmit habe ich Fisch verkauft. Dann habe ich endlich Arbeit bekommen, auf einem Markt der Stadtverwaltung in Istanbul. Einige sozialdemokratische Abgeordnete hatten sich für mich eingesetzt.

Sie erhalten eine Reihe von Einladungen aus dem Ausland.

Sedat Caner: Ja, aber ich komme nicht raus. Ich habe einen Antrag auf Ausstellung eines Passes gestellt. Der Antrag wurde zurückgewiesen. «Die nationale Sicherheit der Türkei» sei durch meine Ausreise gefährdet.

Von Eltern und Kindern

Der pensionierte Lehrer Mustafa Eryüksel wirkt wie ein biederer Familienvater. Stets ist der 55jährige ordentlich gekleidet: Krawatte, Weste und Anzug. Die Eryüksels haben vier Kinder großgezogen. Alle absolvierten das Gymnasium. 29 Jahre tat Eryüksel Dienst an verschiedenen Schulen des Landes. Vor seiner Pensionierung im Jahr 1981 war er stellvertretender Direktor einer Istanbuler Schule. Die Eryüksels wohnen in einer Eigentumswohnung, die sie 1974 gekauft haben. Die Ersparnisse aus dem Lehrergehalt reichten dazu nicht aus. Doch Ehefrau und Kinder drängten Mustafa Eryüksel zum Kauf. Das Geld wurde zusammengekratzt. Die Kinder nähten in Hausarbeit für Konfektionsläden. Vater Mustafa gab privat Geigen- und Mandolinenunterricht.

1979 wird Mustafas Sohn Nuri, damals 21 Jahre alt, bei einem Unfall schwer verletzt und verliert ein Auge. Nuri, Student an der Technischen Universität Istanbul, einer Hochburg der Linken, jobbt nebenbei in einer Tischlerei. Bei einem Stromausfall macht er sich dort am Stromkasten zu schaffen. Der Kasten explodiert – kein seltener Arbeitsunfall in der Türkei.

Nuri wird drei Jahre später auch sein verbliebenes Auge verlieren und gänzlich erblinden. Nach dem Militärputsch am 12. September 1980 schlägt ihm ein Soldat im Gefängnis Metris das verbliebene Auge aus. Nuri ist vor dem Kriegsgericht Istanbul angeklagt, als Mitglied der Organisation Devrimci Sol (Revolutionäre Linke) den «Umsturz der verfassungsmäßigen Ordnung» betrieben zu haben.

Anfangs forderte der Militärstaatsanwalt die Todesstrafe. Im Laufe des Verfahrens wurde die Anklage verändert. Lebenslängliche Haft fordert jetzt der Staatsanwalt. Vater Eryüksel über seinen Sohn:

«Er war im Lyzeum ein erfolgreicher Schüler. Unter unseren Kindern war Nuri das intelligenteste. Auch die anderen Kinder haben das Lyzeum ohne Schwierigkeiten absolviert, aber Nuri war anders. Er lernte zu Hause kaum für die Schule, doch im Unterricht konzentrierte er sich voll auf den Lehrer. Einem Fotoapparat gleich registrierte er alles, was um ihn herum geschah. Er las Bücher und ging ins Theater. Schlechte Eigenschaften wie Alkoholkonsum und Rauchen waren ihm fremd. Er hat ein Gehör für Musik. Selbst wenn ein ihm nahestehender Bekannter zu uns kam, begrüßte er ihn nur kurz, um sich anschließend gleich im Zimmer einzuschließen und Bücher zu lesen. Im Fernsehen schaute er sich nur Nachrichtensendungen und politische Programme an.»

Ende der Siebziger verbreiten die «Grauen Wölfe», die Terrororganisation der faschistischen Nationalistischen Aktionspartei des Ex-Obersten Alparslan Türkeş, durch eine Serie von Attentaten Angst und Schrecken. Mustafa Eryüksel:

«Ich hatte Angst. Angst um mich und Angst um die Kinder. Täglich wurden zwanzig Menschen umgebracht. Überall waren die Idealistenverbände und deren bewaffnete Killer präsent. Sie gaben selbst kleinen Kindern Waffen in die Hand. Eines Tages stand ich auf dem Balkon meiner Wohnung. Ein Junge, vielleicht zwölf Jahre alt, stand unter der Straßenlaterne. Ganz ruhig kramte er von der Hüfte ein Magazin hervor und schob es in die Waffe. Ich war Zeuge einer Reihe von Attentaten, die die Faschisten in unserem Viertel Koca Mustafa Paşa verübten.»

Am 12. September 1980 erklingen Militärmärsche im Rundfunk. Das türkische Militär hat geputscht. Die neuen Herren versprechen ein Ende des Terrors.

«An diesem Tag war das Beschneidungsfest meines Neffen. Nuri und ich waren zu Hause. Meine Frau und die anderen Kinder waren bereits einen Tag zuvor zu meiner Schwester gegangen. Das Haus meiner Schwester ist ganz in der Nähe. Es war Ausgangssperre, wir konnten nicht hin. Am nächsten Tag gingen wir zur Polizeiwache und holten uns eine Sondergenehmigung für das Beschneidungsfest. Trotz der Ausgangssperre wurde die Beschneidung meines Neffen durchgeführt. Nach wenigen Tagen merkten wir, daß das neue Regime begonnen hatte, Jagd auf alle kritischen Personen zu machen. Meine kleine Tochter Gülsen arbeitete damals in der Bank ‹Garanti Bankası›. Sie war Mitglied der Gewerkschaft Bank Sen und Betriebsrätin. Die Polizei kam wegen ihr zu uns nach Hause, aber es war niemand da. Als ich an diesem Tag von der Schule kam, rief unser Lebensmittelhändler mich zu sich. Er sagte mir: ‹Mustafa, die Polizisten haben nach euch gefragt. Ich habe gesagt, daß ich nichts weiß. Nehmt euch in acht.›

Nach der Warnung durch den Lebensmittelhändler habe ich meiner Tochter gesagt, daß sie für ein paar Nächte nicht nach Hause kommen soll. Ich wollte nicht, daß sie mitten in der Nacht weggebracht wird. Ein paar Tage später kamen sie. Keiner von uns hatte je so etwas erlebt, nicht ich, nicht meine Frau, nicht die Kinder. Neun Männer mit Thomsons in der Hand drangen um Mitternacht in die Wohnung ein. Die Waffen werden auf dich gerichtet. Meine Frau zitterte am ganzen Leib. Das ganze Haus wurde durchwühlt. Meine große Tochter hatte Goldschmuck gesammelt und meiner Frau zur Verwahrung gegeben. Sie ertappte einen Polizisten, wie er den Goldschmuck in unserer Schlafzimmerkommode an sich riß. ‹Keine Bange›, rief der Polizist, ‹ich suche nur nach Waffen.› In dieser Nacht wurde unsere Tochter Gülsen verhaftet. In der Kaserne Baştabya haben sie Gülsen drei Tage festgehalten.

Ich versuchte, vor der Kaserne etwas über Gülsens Zustand zu erfahren. Es war am 18. September, sechs Tage nachdem die Militärs die Macht ergriffen hatten. Ich kehrte von der Kaserne nach Hause zurück. Meine Schwiegermutter klingelte an der Tür. ‹Mustafa, hast du gehört?› – ‹Was denn, Mutter?› – ‹Sie haben Nuri verhaftet, ich habe es in den Rundfunknachrichten gehört.› Wir warteten auf die Fernsehnachrichten. Die erste Meldung. Nuri war mit sieben anderen Männern aufgereiht, am Kragen hatten sie ihm eine

Nummer verpaßt. ‹Mörder sind festgenommen worden›, hieß es im Fernsehen.»

Der Lehrer Mustafa Eryüksel macht erstmalig in seinem Leben Bekanntschaft mit dem Polizeipräsidium Gayrettepe. Dorthin werden die politischen Gefangenen gebracht, dort sind die berüchtigten Verhörzentren. Tausende durchlaufen hier die Folterkammer.

«Ich ging nach Gayrettepe. Ich bemühte mich darum, die polizeiliche Haftzeit meines Sohnes abzukürzen. Ich schaltete Rechtsanwälte ein, ich versuchte, mit Staatsanwälten zu sprechen. Eines Tages sah mich Enver Özdemir. Heute ist er Oberstaatsanwalt in Istanbul-Beyoğlu. Wir kennen uns von früher. Auch er ist aus der Schwarzmeerregion, wo ich aufgewachsen bin. Er sagte: ‹Mustafa, wo warst du, als dein Kerl so viele Menschen umgebracht hat? Ich habe Nuris Akte gesehen, es sieht schlecht aus, sehr, sehr schlecht.› ‹Herr Enver›, sagte ich, ‹wenn Sie so gefoltert worden wären wie mein Sohn, hätten Sie glatt 90 Morde gestanden.›»

Das Gefängnis Sultanahmet grenzt unmittelbar an den Topkapı-Palast, eine der touristischen Hauptattraktionen in Istanbul. Hinter dem Stacheldraht des Gefängnisses saßen noch 1981 politische Gefangene ein. Heute steht das historische Gefängnis leer. Restaurierungsprojekte – der Bau eines Luxushotels ist im Gespräch – liegen vor. Im Militärgefängnis Sultanahmet sah Mustafa Eryüksel im Januar 1981 seinen Sohn wieder. Vier Monate waren vergangen.

«Ich war erschrocken vom Ausmaß der Folter, dem die Kinder ausgesetzt waren. Keiner der Gefangenen konnte richtig gehen. Sie traten mit ihren Fußspitzen auf den Boden. Sie konnten nur dadurch stehen, daß sie sich mit ihren Händen am Gitter festhielten. Nicht nur Nuri, alle, alle waren in demselben erbärmlichen Zustand. Ich kann mich daran erinnern, daß ich die Besuchszeit kurz hielt, damit Nuri nicht länger am Gitter leiden mußte. Zwei Jahre später konnten wir erwirken, daß Nuri der Gerichtsmedizin vorgeführt wurde. Das Gutachten attestierte die Folterspuren. Sie waren so augenfällig, daß sie selbst nach zwei Jahren nicht ausgeheilt waren.

Staatsanwalt Enver heuchelte mir etwas vor. ‹Ich habe mit dem zuständigen Staatsanwalt geredet, er will mal schauen, was sich für deinen Sohn tun läßt.› Doch ich wußte, daß dieses Angebot nicht aufrichtig gemeint war. Verschiedene Vorkommnisse, deren Zeuge ich wurde, haben dazu geführt, daß ich diesen Menschen verabscheue. Eines Tages rief ich ihn an. Ich geriet in eine bereits bestehende Telefonverbindung. Er sprach gerade mit dem Gefängnis. Während einer Durchsuchung der Gefangenen war es zu Widerstand im Gefängnis gekommen. Er sagte: ‹Erschlagt ein paar von denen. Dann werden sie schon den Widerstand aufgeben.› Ich habe es mit eigenen Ohren gehört. Und so ein Mann versucht anschließend, Freundlichkeit bei den Familienangehörigen der politischen Gefangenen zu mimen.»

In verschiedensten Gefängnissen hat Nuri gesessen. Sultanahmet, Metris, Sağmalcılar, dann wieder Metris, dann wieder Sağmalcılar. Bei jeder Verlegung die allseits bekannten Übergriffe der Wächter, die Folter, die Prügel. Während eines Überfalls der Soldaten im Militärgefängnis Metris schlägt ein Soldat mit einer Stange auf Nuris Kopf und Gesicht. Nuris verbliebenes Auge erblindet. Die Netzhaut ist durch den Stangenschlag gerissen. Seit dieser Zeit kann Nuri nicht mehr sehen.

«An den Besuchstagen kann er uns nur durch unsere Stimme erkennen. Er sieht einen Schatten, und er weiß nicht, ob ihm ein Mann oder ob eine Frau gegenübersteht. Ich habe damals Strafanzeige gegen die Täter gestellt. Ich habe rund ein Dutzend Petitionen an die Gefängnisverwaltung, an die Staatsanwaltschaft, an die Kriegsrechtskommandantur eingereicht. Sie haben noch nicht einmal geantwortet.

Nach langen Bemühungen konnten wir durchsetzen, daß er 1985 zur Operation ins Militärkrankenhaus Gülhane in Ankara überwiesen wurde. Drei Jahre hat es gedauert, bis er operiert wurde. Weil in dieser Zeit keine medizinische Behandlung stattgefunden hatte, hatte sich die Situation des Auges verschlechtert. Wir freuten uns nach der Operation. Nuri konnte wieder sehen. Er konnte seine Finger zählen. Aber kurze Zeit darauf stieg der Augendruck. Nuris Auge erblindete wieder.»

In den Jahren nach dem Militärputsch steht Mustafa Eryüksel Tag für Tag zusammen mit anderen Müttern und Vätern der politischen Gefangenen vor dem Gefängnis. Rund zwei Jahre kann er seinen Sohn vor Gericht nicht sehen, weil die Angeklagten vom Verfahren ausgeschlossen sind. Weil sie sich weigern, die Häftlingsuniform in den Gefängnissen anzuziehen, weil sie sich auflehnen gegen die Zerstörung ihrer politischen Identität, werden sie nicht zum Verfahren zugelassen.

«Unter dem Vorwand, daß sie nicht die Gefängnisuniform anziehen, durften unsere Kinder nicht zum Hofgang. Sie durften nicht ihre Rechtsanwälte sprechen. Sie durften nicht zum Gefängnisarzt, zum Krankenhaus. Wir, die Familienangehörigen, warteten vor dem Gefängnistor. Daß wir ständig vor dem Gefängnis warteten, hatte seinen Grund. Wir hatten von der Nachbarschaft des Gefängnisses erfahren, daß die Mißhandlungen unserer Kinder zunahmen, sobald wir weg waren. Nachbarn beschwerten sich, daß man aufgrund der Schreie im Gefängnis nicht schlafen könne. Fünf- bis sechshundert Meter trennen das Gefängnis Metris von der Straße.

Auf einer Seite der Kaserne Metris ist ein Friedhof. Einige von uns gingen in den Friedhof und versteckten sich hinter den Gräbern. Dort füllten wir Petitionen aus. Petitionen an die Kriegsrechtsverwaltung, an Staatsanwälte und an Gerichte. Wir schrieben diese Petitionen, taten sie in einen Umschlag und gaben sie hinterher den anderen Familien. Weil eine Reihe von Zivilpolizisten sich unter die Familienangehörigen, die vor dem Gefängnis warteten, mischten, versteckten wir uns im Friedhof. Wenn die Zivilpolizisten nämlich sahen, daß Papiere, daß irgendwelche Papiere ausgefüllt wurden, nahmen sie dich sofort fest und brachten dich zur Wache. Während ich im Friedhof Petitionen schrieb, stand meine Frau vor dem Gefängnis. Wir haben in dieser Zeit unter ungemein schwierigen Bedingungen gearbeitet. Bei jeder Kleinigkeit mußten wir mit einem Übergriff, mit Festnahme rechnen. Das Ziel der Herrschenden war es, Angst einzuflößen, einheitliches Handeln zu unterbinden und die Solidarität unter den Familien zu zerstören.

Wir waren nie unter 150 bis 200 Menschen vor dem Gefängnis

Metris. Männer, Frauen, Alte, Kinder. Nur ein einziger Grund führte uns zusammen: Wie können wir erreichen, daß sich die Bedingungen im Gefängnis bessern, wie können wir erreichen, daß unsere Kinder nicht mehr gefoltert und nicht mehr mißhandelt werden?»

Die alten Parteien und das Parlament sind aufgelöst, die verfassungsmäßige Ordnung ist nach dem Putsch 1980 aus den Angeln gehoben. Es gibt keine normale Gerichtsbarkeit. Die Dekrete der Kriegsrechtsverwaltung gelten als Gesetz. Als die Militärs 1982 Personen benennen, die eine verfassunggebende Versammlung einberufen sollen und Wahlen versprechen, sehen die Familienangehörigen der politischen Gefangenen eine Chance, die Öffentlichkeit zu mobilisieren.

«Wir hatten alle Namen und Anschriften der Mitglieder der verfassunggebenden Versammlung zusammengetragen. Wir hatten Angst, daß sie unsere Kinder hinrichten würden. Für die meisten wurde vor den Militärgerichten die Todesstrafe gefordert. Jedem einzelnen Mitglied der verfassunggebenden Versammlung haben wir Petitionen geschickt. Um den Überblick über die Briefe zu behalten, verschickten wir sie alle per Einschreiben. Es kam zu Geheimtreffen der Familienangehörigen. Mit zehn, fünfzehn, zwanzig Personen ging man zum Picknick in die ‹Belgrader Wälder›. Dort wurde diskutiert, dort wurde die nächste Aktion abgesprochen.

Während dieser schrecklichen Tage habe ich Menschen kennengelernt, die mir vorher wildfremd waren. Was uns zusammenführte, war das gemeinsame Schicksal, der gemeinsame Schmerz unserer Kinder. Vor den Gefängnismauern haben wir uns kennengelernt. Im Laufe der Zeit intensivierten sich unsere Beziehungen. Heute stehen diese Menschen mir am nächsten, näher als so manche nahe Verwandte. Doch es kam auch zu Streitereien unter den Familienangehörigen. Einige meinten, daß jede Initiative, jede Aktion zuungunsten ihrer Kinder sei, daß sich mit jeder Petition die Situation im Gefängnis verschlimmere. Doch diejenigen, die von öffentlichen Aktionen absehen wollten, waren eher in der Minderheit.

Natürlich gab es auch Menschen, die einen Rückzieher gemacht haben, nachdem ihr Sohn oder ihre Tochter auf freien Fuß gesetzt wurde. Doch das sind eher die Ausnahmen. Die Erfahrungen führten uns zusammen: Gemeinsam wurden wir angeschrien, als wir in Ankara vor Behörden und Ministerien standen. Gemeinsam wurden wir festgenommen. Gemeinsam waren unsere Erfolge und unsere Niederlagen. Nach 1980 habe ich wahre Freundschaft erfahren. Viele alte Bekannte haben sich von mir abgewandt. Sie befürchteten, sie könnten Schaden nehmen, wenn sie mit einem Mann wie mir gesehen werden. Selbst im Verwandtenkreis sind solche Leute. Doch unter den Familienangehörigen gewann ich Freunde, die mit vollem Herzen zu mir stehen, die mich unterstützen, die mir helfen. Menschen, denen ich vorher fremd war, mögen mich heute und achten mich. Es macht mich glücklich.»

Nach langen Diskussionen unter den Familienangehörigen der politischen Gefangenen fällt der Entschluß, einen offiziellen Verein zu gründen. Am 3. Februar 1982 reichen Mustafa Eryüksel und weitere sechs Familienangehörige der Präfektur Istanbul einen Antrag ein, wonach sie die TAYAD (Tutuklu ve Hükümlü Aileleri Yardımlaşma Derneği/Solidarverband der Familienangehörigen der Straf- und Untersuchungsgefangenen) gründen wollen.

«Wir haben die Erlaubnis erst achteinhalb Monate später bekommen. Laut Vereinsgesetz ist die Präfektur eigentlich verpflichtet, binnen eines Monats die Gründung zu bestätigen. Ich habe die Formulare auf der Polizeiwache Eyüp abgegeben. Ich kann mich noch ganz genau an die Worte des Kommissars erinnern. Er sagte: ‹Mein Lehrer. Die lassen Sie doch nicht diesen Verein gründen. Selbst wenn er gegründet wird, dann lassen sie euch doch nicht arbeiten.› Ich habe geantwortet: ‹Ich verlange keine Güte, keine Gnade. Laut Gesetz habe ich ein Recht dazu. Und ich werde versuchen, dieses Recht, das ich laut Gesetz habe, bis zum letzten auszuschöpfen. Deshalb habe ich einen Antrag gestellt.›

Vier Monate nach der Antragstellung riefen sie mich zur Polizeiwache Silivrikapı und sagten, daß der Antrag auf Gründung eines Vereins abgelehnt sei. Erst nach langem Hin und Her zeigten sie mir die Ablehnungsbegründung. Ich habe sie auf der Polizeiwache abgeschrieben. Unter Bezugnahme auf die Ablehnungsbegründung, die mir noch nicht einmal zugestellt worden war, führten wir eine Pressekonferenz durch, und unsere Rechtsanwälte reichten einen erneuten Antrag bei der Präfektur ein. Von dort ging die Akte ans Innenministerium und schließlich zum Ministerpräsidenten. Nachdem der Verein offiziell gegründet worden war, haben sie alles darangesetzt, um unsere Arbeit zu behindern. Das Büro der Tayad, Mitglieder des Vorstands wie einfache Mitglieder stehen unter ständiger Observation durch die Polizei.»

Seit der Gründung sind unzählige Strafverfahren gegen die Tayad und Mustafa Eryüksel eröffnet worden. Zumeist aufgrund von Strafrechtsparagraphen, die die Militärs per Dekret in das türkische Strafrecht einführten und die heute noch gültig sind.

«Zur Zeit sind 52 Ermittlungsverfahren gegen uns anhängig. 28 Anklagen sind erhoben worden. Die Prozesse laufen vor den verschiedensten Gerichten, vor dem Staatssicherheitsgericht Istanbul, vor den Strafkammern Fatih, Şişli, Zeytinburnu und Bakırköy. Nahezu alle Verfahren sind wegen legaler und genehmigter Veranstaltungen, die wir durchführten, eröffnet worden. Wir führen eine Podiumsdiskussion durch. Anschließend wird ein Verfahren eröffnet, weil angeblich durch einen Redebeitrag eine Straftat verübt wurde. Auf einer Kundgebung des ‹Vereins für Menschenrechte› unter der Devise ‹Achtung vor dem Menschenleben› war ich 1988 als Redner eingeladen. Ich erwähnte Apo, Haydar und Hasan, die während des Hungerstreiks im Gefängnis gestorben sind. Sie eröffneten einen Prozeß. Dann wegen einer Pressekonferenz im Kulturzentrum Bilsak, wo wir gegen die Häftlingsuniform und die Ankettung bei der Verlegung der Strafgefangenen protestierten. Einige Mütter hatten sich damals auf dem Taksim-Platz angekettet. Wegen eines Redebeitrags auf einer Podiumsdiskussion in der Ärztekammer wurde ich zu fünf Monaten Gefängnisstrafe verurteilt. Die Strafe wurde in eine Geldstrafe umgewandelt.»

Eryüksel ist Prozeßtermine gewohnt. Fast jede Woche liegen Termine an. Am 4. Juli 1988 zum Beispiel reicht der Staatsanwalt beim

Staatssicherheitsgericht Istanbul unter dem Aktenzeichen 1988/116 eine Anklageschrift gegen Mustafa Eryüksel und Gülten Şeşen ein. «Es sind Beweise gesammelt, daß die Angeklagten in einem ausländischen Land eine Pressekonferenz durchführten, ‹nach dem 12. September wurde aus der Türkei ein halboffenes Gefängnis, es wird gefoltert› sagten und somit durch unrichtige Behauptungen das Ansehen des Staates im Ausland schädigten.» Der Mann, dessen Sohn im Gefängnis Metris durch Stangenhiebe erblindete, soll, so die Forderung des Staatsanwaltes, aufgrund von Paragraph 140 des Strafgesetzbuches bestraft werden. «Der Staatsangehörige, der im Ausland über die innere Situation des Staates unwahre, übertriebene oder auf besonderem Zweck beruhende Gerüchte oder Nachrichten veröffentlicht oder irgendwie den nationalen Interessen zuwiderlaufende Tätigkeiten entfaltet, wird, soweit dies die Reputation und das Ansehen des Staates im Ausland verletzt, mit Gefängnis nicht unter fünf Jahren bestraft.» So heißt es im Gesetz.

«Die Regierungspolitik will den Polizeistaat festigen. Wir sehen das auch in der Justiz. Ein Großteil der Prozesse gegen mich sind von der Polizei eingeleitet worden. Ein typisches Beispiel: In der rechtskonservativen Zeitung *Tercüman* erschien ein Artikel über eine Pressekonferenz in Brüssel mit dem Titel ‹Lügengeschichten: die Provokation der Tayad›. Die Polizei, nicht der Staatsanwalt, hat daraufhin das Verfahren eröffnet.»

In der Tat bezeugen die Akten des Prozesses, daß die Abteilung «Sicherheit» beim Polizeipräsidium Istanbul am 3. Juni die Tayad-Vorsitzenden Eryüksel und Gülten Şeşen bei der Staatsanwaltschaft anzeigte. «Aus Seite 4 der Zeitung *Tercüman* vom 26. Mai 1988 geht hervor, daß Mustafa Eryüksel und Gülten Şeşen eine Pressekonferenz in Brüssel durchführten», heißt es im Schreiben der Polizei an die Staatsanwaltschaft. Wie so häufig hatte die politische Polizei geschlampt. Gülten Şeşen zeigte vor Gericht ihren Paß. Sie war zu dem betreffenden Zeitpunkt nicht in Brüssel, sondern in der Schweiz. Das Verfahren gegen Eryüksel dauert an.

Lehrer Eryüksel hat nicht vor der Prozeßflut kapituliert. Er wirkt entschlossen und bestimmt, und trotz allem hat er das Lachen nicht verlernt. Wenn er über die Observation des Istanbuler Büros der Tayad spricht, klingt nicht nur Mißmut, sondern auch Schadenfreude aus seinen Worten.

«Vor der Tür des Tayad-Büros stehen ein paar Autos mit Zivilpolizisten. Sie tun so, als ob sie Zeitung lesen würden. Dann steht noch einer an der Ecke, getarnt als Straßenverkäufer. Es sind nicht besonders kluge Menschen. Sie verstehen nichts von Psychologie. Sie fallen sofort auf und verraten sich.»

Eryüksel berichtet nicht nur über das Entsetzliche, das den Menschen nach dem Militärputsch widerfuhr. Stets ist er darum bemüht, das Entsetzliche zu erklären. Menschen sind verantwortlich für das, was geschieht. Einen ehemaligen Schüler trifft er wieder als verantwortlichen Major für Sicherheit im Gefängnis Sağmalcılar:

«Mit den verschiedensten Mitteln versuchten sie, die Persönlichkeit der Gefangenen zu zerstören: zum Beispiel das Kahlrasieren der Köpfe. Sie ketteten die Hände der Kinder rücklings auf einen Stuhl. Der Hauptmann stieg auf die angeketteten Hände. Vier Soldaten rasierten die Haare, als ob sie die Haut abschürfen wollten. Ihr Ziel ist nicht die Frisur, das Ziel ist die Folter. Und das hat ein Schüler von mir getan. Hauptmann Mustafa Nacak. Er war mein Schüler in der Mittelschule Gümüşhacıköy bei Amasya.

Ich erinnere mich noch ganz genau, wie er als Schüler war. Ein Mensch ohne Persönlichkeit. Durch Streberei versuchte er, seine Minderwertigkeitskomplexe auszugleichen. Tag und Nacht lernte er für die Schule auswendig, ohne nachzudenken. Nach Abschluß unserer Schule schrieb er sich für eine Militärschule ein. Genau die Sorte Mensch, die dort gefragt ist. Dort ist er wohl richtig verhärtet: selbst ein Befehlsempfänger, der Lust hat, Macht über andere Leute auszuüben.»

Mustafa Eryüksel stellt wegen Mißhandlung und Folter Strafantrag gegen seinen ehemaligen Schüler. Wegen der Vorwürfe wird Eryüksel im Rahmen einer Delegation der Tayad vom Hauptmann in dessen Zimmer empfangen.

«Er stand auf und empfing uns an der Tür. ‹Mein Lehrer, herzlich willkommen›, sagte er. Er versuchte, meine Hand zu küssen. Ich wehrte ab. Er ist ein Mann ohne Hemmungen. Bereit zu jeder Niederträchtigkeit, wenn es um seinen eigenen Vorteil geht. Er wußte genau, daß wir uns beim Staatsanwalt über ihn beschwert hatten. Deshalb der Versuch, meine Hand zu küssen. Er wollte sich reinwaschen: ‹Ich bin ein so achtungsvoller Mensch, daß ich die Hand meines Lehrers küsse. Mit den schlechten Dingen, die mir nachgesagt werden, habe ich nichts zu tun.›»

Lehrer Eryüksel ist nach dem dritten Herzinfarkt 1989 als Vorsitzender der Tayad zurückgetreten. Doch täglich geht er in den Verein, organisiert Veranstaltungen, führt einen aufreibenden Kleinkrieg mit Polizei und Präfektur um Genehmigungen, nimmt Gerichtstermine wahr. Nach dem Militärputsch wurde aus Eryüksel ein anderer Mensch.

«Viele – mich eingeschlossen – waren vor dem Putsch skeptisch über die politische Aktivität unserer Kinder. ‹Was geht dich das an. Wir haben eine Existenz und können leben. Müßt ihr die Welt verändern›, wurde gesagt. Nach dem September merkten wir, daß das Handeln unserer Kinder richtig war. Früher war es ein individuelles Bemühen – für den jeweiligen Sohn oder die Tochter. Heute haben wir gemerkt, daß wir gemeinsam kämpfen müssen, daß wir Bewußtsein schaffen müssen. Von oben kommt keine Änderung. Als einzelne sind wir hilflos ausgeliefert.»

Eryüksel schaut pessimistisch in die Zukunft. Noch immer handeln die Menschen nach der heimtückischen Devise des Volksmundes: Tausendfach lebe die Schlange, die mich nicht beißt.

«Es ist eine Illusion. Wenn es Folter gibt, bin ich heute dran, und du bist morgen dran. Das Schweigen führt nur dazu, daß die Menschenrechtsverletzungen, die Folter weitergehen. Erst wenn wir diese Geisteshaltung durchbrochen haben, wird sich etwas in der Gesellschaft ändern. Von oben wird kein ernsthafter Schritt gegen die Folter unternommen, und die politischen Prozesse dauern immer noch an.»

Nuri wird von Zeit zu Zeit ins Haseki-Krankenhaus zur Untersuchung gebracht. Der Arzt Zeki Büyükyıldız hat ein Gutachten erstellt, wonach er unmittelbar operiert werden muß. Die schwierige

Operation sei in der Türkei nicht durchführbar. Er müsse an eine Spezialklinik im Ausland überwiesen werden. Vater Eryüksel hat dieses Gutachten vor sechs Monaten an das Gericht übergeben.

Doch Mustafa Eryüksel geht es nicht nur um seinen erblindeten Sohn. Er will nicht bemitleidet werden, er bittet nicht um Erbarmen oder Amnestie. Er fordert Gerechtigkeit:

«Wir fordern, daß die Septemberjustiz mit all ihren Folgen für null und nichtig erklärt wird. Schuldig sind nicht unsere Kinder, schuldig ist die Septemberjustiz.»

Nachtrag: Nach neunjähriger Untersuchungshaft wurde Nuri Eryüksel am 22. Dezember 1989 auf freien Fuß gesetzt. Der Prozeß gegen ihn wird fortgeführt.

Chronik eines Hungerstreiks

27. Juni 1989

Ein Rechtsanwalt, der auf Mandantenbesuch im Gefängnis Eskişehir war, hat mich heute besucht. Vor fünf Tagen sind im Gefängnis zwei Fluchttunnel gefunden worden, der eine dreißig, der andere vierzig Meter lang. Der Rechtsanwalt berichtete, daß nach der Entdeckung der Fluchttunnel Gendarmerie und Polizisten mit Brachialgewalt in die Zellen eingedrungen sind. Alle persönlichen Gegenstände, Schreibmaschinen, Papier, Radios und Zigaretten wurden den Gefangenen weggenommen. Zur Strafe wurden zeitweilig keine Mahlzeiten, kein Wasser und kein Tee ausgeteilt. Die unteren Stockwerke des Gefängnisses sind geräumt worden, in den oberen Stockwerken schläft jetzt ein Teil der Gefangenen auf dem Betonfußboden. «Eskişehir ist ein wahrer Kerker. Die Gefangenen erhalten keinen Hofgang. Kranke werden nicht zum Arzt geführt», sagt der Rechtsanwalt.

Ein Großteil der Gefangenen, die heute im Gefängnis Eskişehir einsitzen, wurden im Oktober 1988 aus dem Gefängnis Diyarbakır dorthin verlegt. Ich krame in alten Notizen und Artikeln vom November 1988. Eindrücke von meiner Reise nach Diyarbakır: das mit Matratzen und Wolldecken ausgelegte Parteibüro der Sozialdemokratischen Volkspartei. Dutzende Frauen mit bäuerlicher Kleidung liegen auf dem Fußboden. Faltige Gesichter, die Lachen und Zuversicht verlernt haben. Saliha Şener, eine Mittfünfzigerin, die kein Türkisch kann und lauthals auf kurdisch ins Mikrophon schreit: «Vor einem Monat haben sie mich verhaftet. Weil ich nicht zusehen wollte, wie mein Sohn im Gefängnis in den Tod getrieben wird. Elektroschocks haben sie mir auf der Wache gegeben. Sie haben mich aufgehängt und mißhandelt. Ich spucke Blut, immer noch.» Nach ihrer Entlassung aus der Haft schloß sich Saliha Şener dem Hungerstreik der Familienangehörigen der politischen Gefangenen an, mit dem sie den landesweiten Hungerstreik in den türkischen Gefängnissen unterstützten. «Seit neun Jahren ist mein Sohn im Gefängnis. Dieses Jahr haben sie uns Rechte gegeben. Einmal in der Woche durfte ich ihn sehen. Ich konnte ihm Essen bringen. Er durfte sich zivile Kleidung anziehen. Jetzt haben sie alle Rechte aufgehoben. Deshalb sind unsere Kinder seit über einem Monat im Hungerstreik.»

Auch damals – Oktober 1988 – war ein im Gefängnis Diyarbakır entdeckter Fluchttunnel Anlaß für Mißhandlungen im Gefängnis. Schließlich wurden die Gefangenen nach Eskişehir verlegt. 1168 Kilometer sind es von Diyarbakır nach Eskişehir. Zwei Tage Busfahrt nehmen die Familienangehörigen in Kauf, um die Gefangenen alle vierzehn Tage für wenige Minuten zu besuchen. «Wir sind Kurden, wir sind arm», sagte damals eine der alten, hungerstreikenden Frauen in dem sozialdemokratischen Parteibüro, deren Sohn von Diyarbakır nach Eskişehir verlegt wurde. Der Hungerstreik wurde in Eskişehir fortgesetzt. Ich stoße auf eine Stellungnahme des Ministerpräsidenten Özal zum Hungerstreik 1988. «Es sind Kreise am Werk, die einen Teil der Gefangenen provozieren. Wir lesen die Geheimdienstberichte. Dem Staat kann nicht vorgeworfen werden, daß er nicht observiert.» Damals ging der Hungerstreik in Eskişehir nach 37 Tagen zu Ende. Ein Großteil der Forderungen der Gefangenen wurde erfüllt. Alle zwei Wochen durften die Familienangehörigen das Gefängnis besuchen. Der Hofgang wurde erlaubt, die Familien durften den Gefangenen Essen von draußen mitbringen. Bücher und Zeitschriften waren wieder zugelassen.

Und jetzt haben sie mit einem Schlag alle Rechte wieder gestrichen. Hoffentlich lenkt die Regierung bald ein. Tausende politische Gefangene sitzen in den Gefängnissen. Der Militärputsch ist neun

Jahre her. Was macht es für einen Sinn, neun Jahre nach dem Putsch die Menschen in den Gefängnissen auch noch zu mißhandeln?

29. Juni 1989 – der 1. Tag

Ein Kollege hat mich angerufen. Justizminister Oltan Sungurlu hat Journalisten ins Gefängnis Eskişehir eingeladen. Er muß eine richtige Zeremonie daraus gemacht haben, den Journalisten den Fluchttunnel vorzuführen. Der Oberstaatsanwalt von Eskişehir, Uğur Ibrahim Hakkıoğlu, hat erklärt, daß die Gefangenen mit Urin und Zitronenwasser die Grabungsarbeiten durchgeführt haben.

Was bringt Menschen dazu, mit Urin und Zitronenwasser Fluchttunnel zu graben? Für die Gefangenen war die Anwesenheit der Presse eine Gelegenheit, die Öffentlichkeit zu erreichen und gegen die Einschränkung ihrer Rechte und die Mißhandlungen zu protestieren. Nach der Entdeckung des Fluchttunnels haben sie beschlossen, in den Hungerstreik zu treten. Die Bestrafung derjenigen, die den Fluchttunnel gegraben haben – 15 Gefangene haben die Verantwortung auf sich genommen –, dürfe nicht dazu führen, daß ihnen alle erkämpften Rechte genommen werden.

30. Juni 1989 – der 2. Tag

Die Mutter des Dev-Yol-Gefangenen Mehmet Kök, Server Kök, war gestern vor dem Gefängnis Eskişehir. «Wir hatten erfahren, daß der Justizminister und die Presse nach Eskişehir kommen. Um mit dem Minister und den Journalisten zu sprechen, zogen wir vor das Gefängnis. Der Minister war noch nicht da. Der Major Zafer Nakkaşoğlu stürzte sich auf uns: ‹Was sucht ihr hier?› Wir antworteten: ‹Wir wollen Informationen über den Zustand unserer Kinder.› Er zeigte seinen Soldaten einen Bergkamm. ‹Ihr bringt diese Weiber bis dorthin, und wenn sie versuchen abzuhauen, dann schießt auf sie. Schießt auf diese ordinären Frauen›, lautete der Befehl. Er sagte: ‹Wenn eure schweinischen Kinder den Tunnel zu Ende gegraben hätten und geflüchtet wären, hätte ich dafür büßen müssen.› Er war wahnsinnig geworden. Es fehlte nur noch, daß er die Waffe zog und auf uns schoß. Wir waren zehn Mütter an diesem Tag. 30 Polizisten brachten uns dann in die Stadt.»

6. Juli 1989 – der 8. Tag

Mittlerweile sind 259 Gefangene im Gefängnis Eskişehir im Hungerstreik. Die Gefängnisverwaltung verweigert den Hungerstreikenden Salz und Wasser. Salz und Wasser verlängere den Hungerstreik, argumentiert die Gefängnisleitung.

9. Juli 1989 – der 11. Tag

Ich lese heute in der Zeitung, daß der Oberstaatsanwalt in Eskişehir eine Erklärung zum Hungerstreik abgegeben hat. «Die Hungerstreikenden sind nicht politische Gefangene, sondern Terroristen.» Es gibt offensichtlich Tausende von Terroristen in der Türkei.

11. Juli 1989 – der 13. Tag

Die Agenturen melden, daß die hungerstreikenden Gefangenen Nail Koç, Orhan Türüdü, Erdem Keçer, Davut Aksu, Hüseyin Ceylan, Imam Sakıncı, Hafız Akdemir, Selim Erhan, Nuri Ödemiş und Hüseyin Özpınar mit Magenblutungen ins Krankenhaus überführt wurden. Beine und Hände werden im Krankenhaus an die Betten angekettet. Wie soll eine Behandlung möglich sein? Weil die Gefangenen ihren Hungerstreik fortführen, wird ihnen im Krankenhaus Wasser verweigert.

13. Juli 1989 – der 15. Tag

Polizisten haben das Büro des Vereins für Menschenrechte in Eskişehir geschlossen. Heute ist Besuchstag im Gefängnis.

15. Juli 1989 – der 17. Tag

Keiner der Familienangehörigen ist ins Gefängnis eingelassen worden. Ein Kollege berichtet, daß Hunderte Familienangehörige in der Stadt verzweifelt umherirren. Es hat zwei Festnahmen gegeben. Ali Kanat und Veysi Özgür. Sie waren den Familienangehörigen dabei behilflich, Schlafplätze zu organisieren.

19. Juli 1989 – der 21. Tag

Die Familienangehörigen der politischen Gefangenen haben den zentralen Kızılay-Platz in Ankara besetzt und den Verkehr blokkiert. Sie trugen zwei Transparente mit sich: «Die Menschenehre wird die Folter besiegen» – «Wir werden unsere Kinder nicht dem Tod überlassen». Sofort ging die Polizei mit Schlagstöcken gegen sie vor. Zwei Abgeordnete der Sozialdemokratischen Volkspartei, Rıza Ilıman und Tevfik Koçak, haben auch Hiebe abgekriegt. Einen Kollegen, Can Polat, hat die Polizei übel zugerichtet.

24. Juli 1989 – der 26. Tag

Die politische Justiz arbeitet ununterbrochen, auch während des Hungerstreiks. Vor rund einem Jahr hatten 180 Gefangene des Gefängnisses Eskişehir eine Petition an den Ministerpräsidenten und den Parlamentspräsidenten der Türkischen Republik gerichtet. In ihrem Schreiben protestierten sie gegen das Massaker der irakischen Armee an der kurdischen Zivilbevölkerung in Halepja. Sie verurteilten den Einsatz von C-Waffen durch die irakische Armee. Wegen Separatismus und kurdischer Propaganda wurde vor dem Staatssicherheitsgericht Konya Anklage gegen die 180 Gefangenen erhoben. Heute wurden sie zur Vernehmung ins Justizgebäude Eskişehir geführt. Im Gefängnissaal skandierten sie Parolen. Der Major Zafer Nakkaşoğlu befahl daraufhin einen Schlagstockeinsatz. Auf dem Weg vom Gerichtssaal zu den Militärtransportern, die die Gefangenen ins Gefängnis zurückbrachten, wurden sie geschlagen. Vier Gefangene wurden verwundet: Ahmet Çapan, Ali Öztürk, Beyazıt Durmuş und Ahmet Kaya.

Wann wird der Wahn der politischen Justiz ein Ende nehmen? Gefangene protestieren gegen den C-Waffen-Einsatz der irakischen Armee und werden sofort angeklagt. Ist es ein Zufall, daß sie vor Gericht geführt werden, gerade jetzt, wo sie im Hungerstreik sind?

25. Juli 1989 – der 27. Tag

amnesty international hat wegen des Hungerstreiks eine ‹Urgent Action› gestartet. Der Vorsitzende des Vereins für Menschenrechte, Nevzat Helvacı, ist nach Eskişehir gereist und hat Oberstaatsanwalt Hakkıoğlu gesprochen. «Wir können nichts unternehmen. Nur das Justizministerium kann eine Lösung herbeiführen», sagte der Oberstaatsanwalt. Heute hat Justizminister Oltan Sungurlu eine Presseerklärung abgegeben: «Die Untersuchungshäftlinge und die Strafgefangenen, die im Gefängnis Eskişehir im Hungerstreik sind, haben Forderungen aufgestellt, die nicht mit den Haftbedingungen zusammenhängen. Diese Leute betreiben revolutionären Kampf.»

28. Juli 1989 – der 30. Tag

Seit einem Monat schon sind die Gefangenen im Hungerstreik. Die Zeitungen schreiben, daß die Situation von 39 der mittlerweile 280 hungerstreikenden Gefangenen kritisch ist. Viele leiden unter Magenblutungen und Bluthochdruck. Eine Delegation des Solidarverbandes der Familienangehörigen, Tayad, besuchte gestern das Justizministerium, um mit Justizminister Oltan Sungurlu zu sprechen. Sie wurden vom stellvertretenden Oberstaatsanwalt in Ankara, Cemal Özer, empfangen. «Das Gefängnis ist so bequem wie ein Fünf-Sterne Hotel», sagte Özer der Tayad-Delegation.

31. Juli 1989 – der 33. Tag

Der Vorsitzende des Ankaraer Büros des Vereins für Menschenrechte, Muzaffer Ilhan Erdost, hat eine Pressekonferenz gegeben und Justizminister Sungurlu kritisiert. Verleger Erdost weiß, wovon er redet. Sein kleiner Bruder Ilhan wurde am 7. November 1980 vor seinen Augen im Gefängnis Mamak von Soldaten ermordet. «Ich habe gesagt, ‹schlagt ihn›, ich habe nicht gesagt, ‹bringt ihn um›», sagte Oberst Raci Tetik, der Gefängnisleiter, später vor Gericht aus.

Aus der Presseerklärung Muzaffer Ilhan Erdosts zum Hungerstreik in Eskişehir: «Es sind Menschen, die Luft zum Atmen fordern, Menschen, die genügend zu essen wollen, Menschen, die mit ihren Müttern, mit ihren Kindern und ihren Ehepartnern sprechen wollen, die Zeitungen und Bücher lesen wollen und die einen Hungerstreik darum führen, daß ihnen ihre Rechte zurückgegeben werden. Ist das politischer Kampf?»

1. August 1989 – der 34. Tag

Hunderte von politischen Gefangenen in anderen Gefängnissen der Türkei sind im Solidaritätshungerstreik mit den Gefangenen aus Eskişehir. Die amnesty-Kampagne läuft. Heute hat die Nachrichtenagentur «Anadolu Ajansı» eine Presseerklärung von Justizminister Sungurlu gemeldet: «Ich kann bezüglich der Gefängnisse nichts unternehmen. Einziges Ziel der Untersuchungsgefangenen und der Strafgefangenen ist es, die Aufmerksamkeit der Öffentlichkeit auf sich zu lenken. Es sind Fedayin unter den Hungerstreikenden. Wir sind darüber informiert worden, daß diese Personen, die als Märtyrer auserwählt worden sind, in den Tod geschickt werden. Unter diesen Bedingungen kann ich nichts tun.»

2. August 1989 – der 35. Tag

«Der Hungerstreik ist an der Todesgrenze», lautete gestern die Schlagzeile der linksliberalen Tageszeitung *Cumhuriyet*. Die Familienangehörigen sind verzweifelt. Heute sind sie mit Leichentüchern in den Händen vor das Justizministerium in Ankara gezogen. Die Mütter Mihrinur Keleş, Ayşe Simen, Zeynep Poyraz, Nezaket Üvez und Server Kök überreichten zusammen mit den Leichentüchern eine Petition: «Unsere Söhne sind seit 35 Tagen im Hungerstreik. Nach unseren Informationen ist der Gesundheitszustand unserer Kinder erschreckend. Jeden Augenblick kann einer von ihnen sterben. Wir haben bereits die Leichentücher für die Beerdigung unserer Söhne gekauft. Wir bitten um Weiterleitung der Leichentücher an die Gefängnisverwaltung Eskişehir. Zur Verwendung nach dem Tod unserer Söhne. Hochachtungsvoll.»

Die Frauen bilden eine kleine Demonstration. «Ihr wollt unsere

Kinder umbringen», rufen sie, bevor sie von der Polizei brutal auseinander getrieben werden. Ayşe Simen – ihr Sohn ist mit Blut im Urin ins Krankenhaus Eskişehir eingeliefert worden – wird dabei ein Arm gebrochen. Die Mutter des Gefangenen Ersin Ergün Keleş, Mihrinur Keleş, berichtet: «Plötzlich war überall Polizei; sie schlugen uns, zogen uns an den Haaren und zerrten uns in die Wagen. Zuerst waren wir auf der Polizeiwache Çankaya. Von dort wurden wir zur politischen Polizei gebracht. Sie sperrten uns in einen widerlichen, stinkenden, engen Raum. Das Auge sieht das Auge nicht. Einige der Mütter waren sehr deprimiert. Da habe ich gesagt: ‹Seit Jahren sitzen unsere Kinder in solchen Kerkern ein, sitzen in schlechteren Plätzen ein. Laßt uns auch hier sitzen, wir werden sehen, was passiert!›»

3. August 1989 – der 36. Tag

Die düstere Prophezeiung der Mütter gestern vor dem Justizministerium ist Wirklichkeit geworden. Zeitgleich mit der Verhaftung der Mütter starben zwei Hungerstreikende: Mehmet Yalçınkaya und Hüsnü Eroğlu sind tot.

Die türkischen Tageszeitungen versuchen, die Todesumstände zu rekonstruieren. Laut Presseberichten stürmten in der Nacht von Montag auf Dienstag Soldaten in die Zellen. Mit einem Gewaltakt versuchte das Justizministerium, den Hungerstreik zu brechen. In einer Nacht-und-Nebelaktion sollten die Gefangenen in die Gefängnisse Aydın und Nazilli verlegt werden. Die Zeitung *Cumhuriyet* zitiert den Einsatzbefehl von Major Zafer Nakkaşoğlu: «Bei Widerstand gegen die Verlegung ist mit Gewehrkolben auf die Gefangenen einzuschlagen.»

20 bis 30 Gefangene, jeweils zwei aneinanderangekettet, wurden in Gefangenentransporter gepfercht. Die Hitze und die zwölfstündige Fahrt ohne Belüftung gaben den Gefangenen den Rest. Scharenweise brachen sie zusammen, völlig entkräftet nach 35 Tagen Hungerstreik.

In Aydın schlugen Wächter mit Holzknüppeln auf die Gefangenen ein. «Viele unserer Freunde sind im Koma. Sie haben sie dem

Tod überlassen. Als wir, in Aydın angekommen, nach Hilfe schrien, schlugen sie auf uns ein», berichtete ein Häftling. In dem Durcheinander war es einem Kollegen gelungen, den Häftling in der Poliklinik des staatlichen Krankenhauses Aydın zu sprechen.

Journalisten haben den Oberstaatsanwalt von Aydın bedrängt. Ein Satz ist ihm aus dem Mund gerutscht: «Wir wissen nicht, ob die zwei toten Häftlinge aufgrund des Hungerstreiks oder durch einen Schlag mit einem harten Gegenstand gestorben sind.»

Die amtliche Nachrichtenagentur «Anadolu Ajansı» hat heute per Telex eine Presseerklärung des Justizministers verbreitet: «Leider sind zwei Bürger, die sich medizinisch nicht behandeln ließen, gestorben. Auch für die anderen, die sich nicht behandeln lassen, besteht Gefahr. Der Hungerstreik hat außerordentlich negative Folgen für die Öffentlichkeit, unser Ministerium und die Familienangehörigen der Gefangenen. Wir versuchen, die Hungerstreikenden davon zu überzeugen, daß sie von ihrer Aktion absehen.»

4. August 1989 – der 37. Tag

«Wer ist der Mörder?» fragt die Tageszeitung *Cumhuriyet* in ihrem Kommentar auf Seite 1. Hikmet Çetinkaya, Redakteur der Zeitung in Izmir, hat sich die Gefangenentransporter angesehen. 37 Gefangene wurden aneinandergekettet und ohne Belüftung bei 40 Grad in die Transporter gepfercht. «Menschen nach 35 Tagen Hungerstreik in diesen Transportern von Eskişehir nach Aydın zu transportieren ist zweifelsohne Mord», schreibt Çetinkaya. «Die Gefängnisse gleichen einem Pulverfaß», verkündet die Schlagzeile der *Sabah*, einer der größten Tageszeitungen des Landes. «Tod durch Hungerstreik oder Mord bei Verlegung?» fragt *Hürriyet*. Rund 700 politische Gefangene befinden sich in Solidaritätshungerstreiks mit den verlegten Gefangenen aus Eskişehir.

Der von der Staatsanwaltschaft in Auftrag gegebene Autopsiebericht gibt «Dehydration», also Wasserverlust, als Ursache für den Tod der beiden Gefangenen an. Staatsanwalt Uçurum zu den Vorfällen: «Die Gefangenen lehnten es ab, sich auszuziehen und griffen die Wächter an. Zwei Wächter wurden verletzt. Bei der darauffolgenden Leibesvisitation der Gefangenen wurden in den Unterhosen Zucker, Salz und Papierfetzen gefunden.» Auch der Staatssekretär im Justizministerium, Arif Yüksel, bestreitet, daß auf die Gefangenen eingeschlagen wurde. Der Transport sei völlig korrekt verlaufen: «Es sind ärztliche Gutachten eingeholt worden, daß nichts gegen eine Verlegung der Gefangenen spricht.»

Der stellvertretende Generalsekretär der Sozialdemokratischen Volkspartei, Cevdet Selvi, sprach von «geplantem Mord» und forderte den Rücktritt des Justizministers. «Die Probleme können nur durch eine Generalamnestie gelöst werden», meinte der Vorsitzende der Partei, Erdal Inönü.

In mehreren Großstädten legten Demonstrantengruppen Feuer. In Samsun wurden sieben Familienangehörige, die einen schwarzen Kranz vor der Präfektur niederlegten, von der Polizei festgenommen.

Der Staat fürchtet die Leichen. Obwohl das staatliche Krankenhaus Aydın militärisch abgeriegelt ist, bewachen zusätzlich vier Soldaten und vier Polizisten die beiden Leichen in der Leichenhalle.

Wir telefonieren ständig mit dem Büro des Menschenrechtsvereins in Aydın, mit Rechtsanwälten, mit Abgeordneten und Familienangehörigen, die in Aydın sind. «Sie morden, und nichts passiert», sagte mir heute der Istanbuler Vorsitzende des Menschenrechtsvereins, Emil Galip Sandalcı, am Telefon. Ich bat ihn, einen Kommentar zu schreiben. «Ich kann nicht, ich habe seit Tagen nicht geschlafen», sagte er. Mehrere Seiten der *Cumhuriyet* sind voll mit Todesanzeigen. Legale Demonstrationen werden nicht genehmigt. Sie morden. Was kann man in diesem verfluchten Land überhaupt dagegen tun. Heute ist der 37. Tag des Hungerstreiks.

5. August 1989 – der 38. Tag

Der Rechtsanwalt Veli Devecioğlu konnte gestern nach langen Auseinandersetzungen durchsetzen, daß eine zweite Autopsie an seinem ehemaligen Mandanten Hüseyin Hüsnü Eroğlu durchgeführt wurde. Aus dem Autopsiebericht:

«...blaue Flecken unter dem rechten Auge in der Größe

2,5 × 1,5 cm, blaue Flecken unter dem linken Auge und auf dem Backenknochen in der Größe 1,5 × 0,5 cm, blauer Fleck an Außenseite des rechten Auges 3 × 2 cm, unter dem rechten Auge Wunde 0,5 × 0,8 cm, blauer Fleck unter rechtem Ohr, Schürfungen innen und außen am linken Ellenbogen, Errötung des rechten Hodens, Schürfung auf Oberfläche der rechten Hand, blauer Fleck 2,5 × 3 cm auf rechtem Handgelenk, Druckwunde in linker Kreuzgegend 3 × 2 cm.»

Gestern durften die sozialdemokratischen Abgeordneten Cevdet Selvi, Ahmet Ersin, Veli Aksoy, Hilmi Ziya Postacı und Kamil Ateşogulları zusammen mit Oberstaatsanwalt Nural Uçurum das Gefängnislazarett besuchen. Die Presseerklärung der Abgeordneten Ersin und Aksoy liegt vor:

«Hoden und Penis von Şerif Simen bluteten. Die Rippenknochen des Gefangenen namens Havur Adıbelli sind gebrochen. Am Kopf und an der Leiste von Alaadin Aktaş sind Prellungen. Die Gefangenen zeigten uns blutige Unterhemden, die sie unter der Matratze versteckt hatten. Viele der Gefangenen müssen ständig erbrechen und sind nicht in der Lage zu sprechen.» Die Abgeordneten geben die Worte des Gefangenen Havur Adıbelli wieder: «Nachdem wir aus dem Gefangenentransporter geholt wurden, forderten uns die Gendarmen und Wächter auf, uns nackt auszuziehen. Wir weigerten uns. Daraufhin stürzten sie mit Bajonetten, Knüppeln und Druckwasser auf uns. Dabei wurden mir die Rippen gebrochen.»

Die beim Justizministerium angestellten Ärzte, die laut Aussage der Justizverwaltung ein Gutachten angefertigt haben, daß die 312 Gefangenen transportfähig seien, haben sich in der Zeitung *Cumhuriyet* zu Wort gemeldet. Sie erklärten, daß sie es trotz Drohungen von oben abgelehnt haben, ein entsprechendes Gutachten zu unterzeichnen. Die türkische Ärztekammer ermittelt gegen die verantwortlichen Ärzte mit dem Ziel, ihnen die Approbation zu entziehen.

Ich habe heute den Kommentar von Ilhan Selçuk in der *Cumhuriyet* gelesen. Er erinnert an den Genozid an den Indianern. «Nur ein toter Indianer ist ein guter Indianer.» Die legitimen zivilen Erben der Militärdiktatur haben den Satz an türkische Verhältnisse angepaßt: «Nur ein toter Gefangener ist ein guter Gefangener.» Beim Lesen kam mir eine Rede des Putschistengenerals Kenan Evren nach dem Putsch 1980 in den Sinn: «Sollen wir sie denn füttern, anstatt sie aufzuhängen?» Es war eine rhetorische Frage. Man fütterte nicht. Siebzehnjährige wurden an den Galgen geschickt. Vor Kriegsgerichten wurden in Eilverfahren Todesurteile gegen Oppositionelle ausgesprochen. Der Vollzug folgte Gewehr bei Fuß.

Wie schnell ändern sich die Zeiten. Putschist Evren ist heute nicht mehr General, sondern Staatspräsident. Ein Parlament gibt es und eine zivile Regierung unter Ministerpräsident Turgut Özal. Der deutsche Bundeskanzler Kohl lobt den «Demokratisierungsprozeß», wenn er Özal die Hand schüttelt. Heute werden in der Türkei keine Menschen hingerichtet. Todesurteile werden zwar verkündet, aber nicht vollstreckt. Kleine Liebesdienste im Zuge der Verhandlungen um den EG-Beitritt der Türkei. Statt Todesurteile zu vollziehen, mordet man heute in den Gefängnissen.

Ein menschenwürdigeres Dasein fordern die politischen Gefangenen im Gefängnis Eskişehir: mehr Hofgang, häufigerer Besuch der Toilette, keine Mißhandlungen durch das Wachpersonal, Schluß mit dem Anketten von Füßen und Beinen beim Krankenhausaufenthalt. Wegen solcher Forderungen sind sie im Hungerstreik.

Alle wissen um den Mord – es gibt Augenzeugenberichte, Autopsiebefunde, Dutzende Verletzte, die die Wunden der Mißhandlungen noch an ihrem Körper tragen. Seitenweise berichten türkische Tageszeitungen in ihren Schlagzeilen darüber. Ministerpräsident Özal über Journalisten: «Anwälte des Teufels.» Der Justizminister klärt über den kriminellen Hintergrund der Toten auf: «Es waren PKK-Mitglieder.» Minderwertiges Leben?

7. August 1989 – der 40. Tag

Eben kam eine Agenturmeldung. Ministerpräsident Turgut Özal hat sich gegenüber Journalisten, die um eine Stellungnahme zum Hungerstreik nachsuchten, geäußert: «Sie betrachten alles einseitig. Diese Leute werden von draußen aufgehetzt. Wissen Sie um das

Verbrechen der Verstorbenen? Sind Sie zum Tode verurteilt? Haben Sie sich angeschaut, wie viele Menschen diese Leute umgebracht haben. Wer sich nicht behandeln läßt, geht eben. Dann sterben sie eben.»

Der tote Hüsnü Hüseyin Eroğlu saß in Untersuchungshaft, ohne Urteil. Ich krame in Biographien der Hungerstreikenden, die vom Ministerpräsidenten der Republik als «Verbrecher» gebrandmarkt werden: Mehdi Zana, aufgrund freier und geheimer Wahlen zum Bürgermeister der Stadt Diyarbakır gewählt. Er bestand darauf, Kurde zu sein. Sofort nach dem Militärputsch wurde er eingesperrt, gefoltert und schließlich wegen «Separatismus» verurteilt. Seit neun Jahren sitzt er ein; er hat viele Hungerstreiks hinter sich.

Dann der Verleger Recep Maraşlı. Wegen kurdischer Bücher, die in seinem Verlag Komal vor dem Militärputsch erschienen sind, wurde er zu 36 Jahren Gefängnis verurteilt. Weitere Gefängnisstrafen haben ihm seine Verteidigungsreden vor Gericht eingebracht. Maraşlı wurde 1982 in Istanbul verhaftet und 1983 ins berüchtigte Militärgefängnis Diyarbakır verlegt. Typische «Terroristen»: ein Verleger und ein Bürgermeister.

In einer verstaubten Akte finde ich ein Gedächtnisprotokoll von Ibrahim Çobanoğlu. Er hat im Gefängnis ein Gespräch mit Recep Maraşlı protokolliert, in dem Maraşlı über das fünfzigtägige Todesfasten Anfang 1984 berichtete:

«Bei kurzzeitigen Hungerstreiks verspürt man mehr Hunger. Weil du Erwartungen hast. Bei dem Todesfasten erwartest du nichts. Es gibt nur den Tod. Meiner Meinung nach gleicht das Todesfasten dem Schachspiel. Der Mensch setzt all seine List ein. Um zu siegen, mußt du deine eigene Persönlichkeit zerstören. Das Hirn arbeitet sehr gut. Wenn man keine Nahrung zu sich nimmt, verbraucht das Hirn all die Energie für die eigene Rettung. Die Ärzte, die zur Kontrolle kamen, nannten wir weiße Schmetterlinge. Die Krankenhausärzte kamen einmal in der Woche. Der Gefängnisarzt war bei jeder Zählung morgens dabei und fragte: ‹Gibt es einen Kranken unter euch?› Diese Frage meinte: Will jemand mit dem Hungerstreik aufhören?

Eines Tages hatten sie einen islamischen Hodscha gebracht. Er sagte, der Hungerstreik sei Sünde und bedeute Selbstmord. Danach machte er sich davon.

Unter uns diskutierten wir über das Tagesgeschehen. Wir dachten darüber nach, was wohl unsere Familien draußen machen. Wir stellten Vermutungen an, wann der Hungerstreik zu Ende gehen würde. Und wir redeten über Mahlzeiten. Wir malten uns imaginäre Eßtische aus und stellten darauf jederlei Speisen.

Nach dem Ende des Todesfastens fangen die Gebrechen an. Nicht nur bei mir, bei den meisten traten diese Gebrechen auf. Einige leiden unter Gedächtnisschwund. Bei mir trat kein Gedächtnisschwund auf, aber zwei Monate lang konnte ich nicht richtig sehen. Ich sah die Welt wie durch einen gestörten Fernseher. Anderthalb Jahre konnte ich nur durch die Hilfe anderer gehen.

Die Nähe zwischen Tod und Leben hat mich beeindruckt. Zwei Jahre lang wirkte eher der Tod als Triebfeder. Jetzt versuche ich, dieses Motiv zu überwinden. Die Bindung an deine eigenen Organe vermindert sich. Selbst wenn du ein Organ verlierst, trauerst du nicht darum. Nachdem du ins Leben zurückkehrst, siehst du deine Organe als Geschenke an. Du lebst sozusagen gratis.

Ein Leben lang hatte ich immer Angst. Angst davor, in der Schule sitzenzubleiben, Angst davor, erfolglos zu sein. Die Angst behindert deine Kreativität. Jetzt habe ich die Angst überwunden. Wenn ich an die Vergangenheit denke, sehe ich, daß ich wegen Kleinigkeiten Menschen verletzte. Heute glaube ich an die Notwendigkeit, die Menschen zu lieben. Weil das Leben sehr kurz ist. Und in dieser kurzen Frist muß man das Glück des Menschen verlangen. Früher habe ich nie geweint. Heute weine ich von Zeit zu Zeit.»

Wie mag es Recep Maraşlı heute nach vierzig Tagen hungern gehen? Ist er im Krankenhaus oder im Gefängnislazarett? Ich rufe seinen Istanbuler Rechtsanwalt Serhat Bucak an. Er hat keine Informationen – die Rechtsanwälte dürfen ihre Mandanten nicht sehen.

10. August 1989 – der 43. Tag

Eine vierköpfige Kommission der türkischen Ärztekammer konnte gestern das Krankenhaus betreten. Allesamt honorige Professoren unter Leitung des Vorsitzenden der Ärztekammer, Professor Kurthan Fişek. An den Körpern der Gefangenen stellten sie Schlagwunden und Prellungen fest. «Obwohl die Gefangenen nach Zucker und Salz verlangen, wird es ihnen verweigert. Die Ärzte werden daran gehindert, den Hungerstreikenden Zucker und Salz zu geben. Wir haben festgestellt, daß die Ärzte im Krankenhaus die Gefangenen nur in angekettetem Zustand untersuchen können», konstatierten die Ärzte in ihrer Erklärung.

Binnen kurzer Zeit verliert man in diesem Land das Verhältnis zu Zahlen. Solidaritätshungerstreiks: Gefängnis Diyarbakır – 506 politische Gefangene am 11. Tag, Gefängnis Gaziantep – 237 politische Gefangene am 9. Tag, Gefängnis Malatya – 121 politische Gefangene am 8. Tag, Gefängnis Ceyhan – 200 politische Gefangene am 8. Tag. Mittlerweile sind es rund 2000 Hungerstreikende landesweit.

11. August 1989 – der 44. Tag

Habe heute Ferit Ilsever, den Vorsitzenden der Sozialistischen Partei, interviewt, der eine Genehmigung vom Justizministerium zum Besuch des Gefängnislazarettes hatte.

Frage: Was konnten Sie im Gefängnislazarett beobachten?

Ilsever: Ich konnte mit acht Gefangenen, die in einem Zimmer des Gefängnislazaretts untergebracht sind, sprechen. Sie liegen in einem vier mal fünf Meter großen Raum, in dem sich mehrere zweistöckige Feldbetten befinden. Da die Hungerstreikenden nicht auf das obere Bett klettern können, hat man ihre Matratzen auf den Betonfußboden gelegt. Auf dem Boden stehen Plastikflaschen mit Wasser. Medizinische Geräte und Hilfsmittel gibt es nicht. Ins Lazarett kommen Hungerstreikende, deren Situation kritisch ist.

Frage: Was bedeutet kritisch?

Ilsever: Sie spucken Blut. Sie können sich nicht aufrichten. Viele sind nicht in der Lage zu sprechen. Überall liegen Brechschalen mit Blut. Die Gesichter der Gefangenen sind eingefallen und bleich. Haare und Bart sind seit langer Zeit ungeschnitten. Ich durfte nur eines der drei Lazarettzimmer sehen. Das Zimmer, wo sogenannte ‹leichte Fälle› liegen.

Frage: Haben die Gefangenen über die Umstände des Gefangenentransports vom Gefängnis Eskişehir nach Aydın berichtet?

Ilsever: Mehrere Gefangene lagen ja am 35. Tag des Hungerstreiks, als die Verlegung ins Gefängnis Aydın erfolgte, im Koma. Der Staatsanwalt erzählte mir, daß die Fahrt in den Gefangenentransportern zwanzig Stunden gedauert hat. Die Gefangenen berichteten, wie das Wachpersonal nach der Ankunft in Aydın mit Knüppeln und Fußtritten auf sie losging. Die Gefangenen zeigten mir ihre Wunden, die von den Mißhandlungen herrühren. Die Wunden sind überall an ihrem Körper, zentimetergroß und mittlerweile vernarbt. Während ich dort war, haben sie einzeln auf Wärter gezeigt, die sie gefoltert haben. Sie sind immer noch im Gefängnis Aydın beschäftigt. Ich habe mit der Gefängnisleitung darüber gesprochen. Man bestreitet diese Vorfälle gar nicht. Man sagt, daß die Gefangenen sich gegen die ärztliche Untersuchung gewehrt haben.

Frage: Welche Forderungen stellen die Hungerstreikenden?

Ilsever: Ursprünglich war der Grund des Hungerstreiks, daß die Gefangenen Rechte zurückforderten, die ihnen nach der Entdekkung eines Fluchttunnels gestrichen wurden. Sie fordern eine Besuchserlaubnis nicht nur für Verwandte. Sie fordern, daß die Familienangehörigen ihnen Essen bringen können. Die Versorgungslage ist aufgrund des schlechten Gefängnisessens katastrophal. Sie fordern, daß legale Bücher, Zeitschriften und Zeitungen zugänglich sein müssen. Doch all diese Forderungen sind mittlerweile von einer zentralen Forderung in den Hintergrund gedrängt worden. Daß die

Verantwortlichen vom 2. August, die Folterer, die zwei Hungerstreikende auf dem Gewissen haben, vor Gericht gestellt werden.

12. August 1989 – der 45. Tag

Heute besuchte ich Leman Fırtına in ihrer Istanbuler Wohnung. Die 63jährige, selbst Mutter eines politischen Gefangenen, ist Gründungsmitglied des Vereins für Menschenrechte und kehrte heute zusammen mit dreißig Rechtsanwälten und dem sozialdemokratischen Abgeordneten Mehmet Ali Eren aus Aydın zurück. Tagelang hat sich die Gruppe vergeblich darum bemüht, den Staatsanwalt oder den Gefängnisdirektor zu sprechen. Den Rechtsanwälten ist es ohnehin verboten, mit ihren Mandanten zu sprechen. «Es gibt in Aydın keinen Staat, kein Recht», sagt Fırtına. «Wir durften den abgeschirmten Justizpalast nicht betreten. Der Abgeordnete ging rein. Man schickte ihn mit dem Hinweis weg, daß der Oberstaatsanwalt im Gefängnis sei. Wir gingen zum Gefängnis. Ein Wächter wimmelte den Abgeordneten Eren ab. Der Staatsanwalt sei nicht da. Eine halbe Stunde später sahen wir, wie der Staatsanwalt mit seinem Auto wegfuhr.»

Nur auf Intervention des Chefarztes durfte Eren die hungerstreikenden Gefangenen im staatlichen Krankenhaus besuchen. «Als Eren aus dem Krankenhaus zurückkam, war er völlig verstört», berichtet Fırtına.

Gestern mittag wurden zwanzig weitere Gefangene vom Gefängnis ins Krankenhaus gebracht: Nesim Kılıç und Şaban Koral mit Magenblutungen. Şerif Simen hat Blut im Urin, Şükrü Göktaş mit Hirnverkleinerung, Mehmet Doruk mit Gedächtnisschwund. Ohne Ambulanz, angekettet in den berüchtigten Gefangenentransportern, wurden sie ins Krankenhaus gefahren. Es muß etwas getan werden.

In Leichentücher gehüllt und schweigend verlassen rund 100 Familienangehörige das Parteibüro der Sozialdemokratischen Partei, um zur Justizbehörde zu ziehen. Auf den Leichentüchern die beiden Inschriften: «Die Menschenwürde wird die Folter besiegen.» – «Wir werden nicht zulassen, daß man unsere Kinder ermordet.»

Der Zug dauert wenige Minuten. «Wegen Verstoßes gegen das Demonstrationsgesetz wurden 46 Personen festgenommen und befinden sich in Untersuchungshaft», meldet später die Staatsanwaltschaft.

Nicht nur Polizei, sondern auch Soldaten stürzten sich auf die Familienangehörigen. Mit Knüppeln und Fußtritten trieben sie die Demonstration auseinander. Alte Frauen wurden an den Haaren in die Polizeiwagen gezerrt. Unter ihnen die achtzigjährige Makbule Balcan. «Die Kleider zerrissen, an Beinen, Armen und Rücken blaue Flecken, hockten diejenigen, denen die Flucht geglückt war, im Parteibüro der Sozialdemokraten. Kein Wehklagen, kein Heulen. Zumeist alte, arme kurdische Frauen und Männer. Sie sind die Fußtritte gewohnt. Sie haben die Hoffnung verloren. Sie warten nur noch darauf, die Leichen ihrer Kinder abzuholen.»

15. August 1989 – der 48. Tag

Ein Kollege aus Izmir hat angerufen. Mit der Diagnose «Gangrän» wurde der Hungerstreikende Ibrahim Ceylan gestern vom staatlichen Krankenhaus Aydın in die Universitätsklinik Izmir verlegt. Begleitet von Gendarmerieeinheiten kam der Krankenwagen gestern um 20.15 Uhr in Izmir an. Die Soldaten hatten erfahren, daß Journalisten vor der Uniklinik warteten. Deshalb fuhr der Konvoi zur Gendarmeriekommandantur Izmir und verzögerte die Ankunft in der Uniklinik. Um ein Uhr morgens kam der Konvoi in der Klinik an. Das Gesicht des angeketteten Ceylan war mit einem Laken bedeckt, damit die Pressefotografen ihn nicht fotografierten.

17. August 1989 – der 50. Tag

Der Gouverneur von Aydın äußerte sich heute in den Tageszeitungen: «Es scheint, daß das ganze Gefängnis ins Krankenhaus verlegt wurde.» 72 Hungerstreikende sind mittlerweile im Krankenhaus Aydın. Journalisten fragten Gouverneur Yazıcıoğlu, warum die Gefangenen trotz des Protests des Krankenhausleiters und der Chefärzte angekettet werden. «Durch den Hungerstreik sind 72 Terroristen ins Krankenhaus gekommen. Die können doch nicht frei rumlaufen. Die Sicherheitskräfte sind für das Krankenhaus verantwortlich. Auch der Chefarzt muß sich den Sicherheitskräften beugen. Das ist die natürlichste Sache der Welt.»

Die achtzigjährige Makbule Balcan, die von der Polizei festgenommen worden war, ist heute freigelassen worden. In der Zeitung war ein offener Brief des Schriftstellers Yaşar Kemal an die Regierenden zu lesen: «Sie haben die Menschenrechtskonvention der Vereinten Nationen und des Europarates unterzeichnet. Sie regieren ein Land, wo angeblich Demokratie herrscht. Die Generäle haben Ihnen erlaubt, mit Hilfe von Wahlen an die Macht zu kommen.» Kemal warnt die Herrschenden: «Wie einst Hitler tanzen Sie heute auf den Knochen der Toten. Doch Nationen sind nicht vergeßlich. Denken wir an das Ende der Hitlers, der Mussolinis, der Marcos.»

19. August 1989 – der 52. Tag

Der Hungerstreik ist zu Ende. Weinend fielen sich die Familienangehörigen vor dem Gefängnis in die Arme. Der sozialdemokratische Abgeordnete Tufan Doğu hat gestern nacht zwischen Gefängnisverwaltung und den Sprechern der politischen Gefangenen, Abidin Polat und Şükrü Göktaş, vermittelt. Nachher gab er eine Erklärung ab:

«Ich habe den Gefangenen gesagt, daß alles, was bei der Verlegung passierte, der Vergangenheit angehört. Ich überzeugte sie. Weder der Staat noch die Gefangenen haben Konzessionen gemacht. Durch einen Dialog wurde das Problem gelöst.»

Welche Bedeutung mag diese Erklärung haben?

Der Gouverneur von Aydın erklärt in militärischer Terminologie: «Die Gefangenen haben den Hungerstreik bedingungslos aufgegeben. Sie sind besiegt worden.» Justizminister Sungurlu hat heute eine Presseerklärung verschickt: «Keine Forderung ist erfüllt worden. Es kann nicht die Rede davon sein, daß wir mit Strafgefangenen verhandelt haben. Die Hungerstreiks sind keine Ereignisse, die sich an die Gefängnisverwaltung richten. Die Hungerstreiks verfolgen bestimmte politische Zwecke zur Herstellung von Öffentlichkeit. Weil sie daran geglaubt haben, daß diese Öffentlichkeit hergestellt wurde, haben sie den Hungerstreik beendet. Eine andere Interpretation der Ereignisse ist Sensationsmache.»

25. August 1989

Der Hungerstreik ist nach einer Woche aus den Schlagzeilen der Presse verdrängt. Eine Todesmeldung aus Paris erinnert mich an Aydın. Inkılap Dal, ehemaliger Häftling des Gefängnisses Aydın, ist heute gestorben. Ein Jahr lang wurde er trotz Blutkrebsdiagnose nicht ins Krankenhaus überwiesen. Am 21. Oktober 1988 war seine Haftzeit in Aydın beendet. Er wollte sich nach seiner Entlassung in einer Spezialklinik in Paris behandeln lassen. Der Staat verweigerte ihm die Ausstellung eines Passes. Erst am 11. August 1989 konnte Dal nach Frankreich reisen. Zu spät. Abgemagert auf dreißig Kilo, starb er heute in Paris.

Der Verein für Menschenrechte liefert Milch, Eier und Käse, um nach dem Hungerstreik eine halbwegs angemessene Ernährung der Gefangenen sicherzustellen. Der Verein konnte der Justizverwaltung die Genehmigung zur Lieferung abringen. Der amtlich festgelegte tägliche Ernährungssatz pro Strafgefangenen beträgt 1500 TL (umgerechnet 1,20 DM).

11. September 1989

Drei Wochen sind seit dem Ende des Hungerstreiks vergangen. Heute erschien der Bericht des sozialdemokratischen Abgeordneten Kamil Ateşoğulları, der vor zwei Tagen das Gefängnis besuchte. Der Gesundheitszustand der Gefangenen ist schlecht, konstatiert der Bericht. «Die Gefangenen müssen ärztlich behandelt werden. Hämorrhoiden, Darminfektionen, Magenblutungen und Kopfschmerzen sind weit verbreitet.» Es werde keine Diät ausgeteilt, das Gefängnisessen sei unzureichend. Die Ernährung werde im wesentlichen durch die Lieferungen des Vereins für Menschenrechte sichergestellt. Bücher und persönliche Gegenstände – in Razzien während des Hungerstreiks beschlagnahmt – sind den Gefangenen nicht ausgehändigt worden. Nach dem Ende des Hungerstreiks wurden die Gefangenen Şaban Kavul und Derviş Çelik von Wärtern verprügelt. Ein besonderes Problem – so der Bericht des Abgeordneten – bereitet der Umstand, daß die Wärter, die an den Folterungen der Gefangenen während des Hungerstreiks beteiligt waren, weiterhin Dienst in Aydın tun.

Der Bericht des Abgeordneten deckt sich im wesentlichen mit einem Papier, das mir wenige Tage zuvor zugespielt wurde. Die Sprecher der politischen Gefangenen im Gefängnis Aydın, Şükrü Göktaş, Abidin Polat und Rıza Doğan, schreiben darin, daß die versprochene Verbesserung der Haftbedingungen nicht erfolgt ist. «Wir haben versucht, mit der Gefängnisverwaltung zu sprechen. Wir haben Petitionen eingereicht. Trotz alledem lehnen sie ein Gespräch mit uns ab. Zur Zeit haben wir außer den Folterwächtern keinen Kontakt zu Verantwortlichen.»

Die Frauen in Schwarz

Der Anruf eines Freundes; die Nachricht von der Festnahme einer Freundin. «Gülnur ist festgenommen worden. Es ist nichts zu befürchten, sie ist nicht bei der politischen Polizei, sondern auf der Polizeiwache Beyoğlu. Ich glaube nicht, daß ein Haftbefehl ausgestellt wird. In ein paar Tagen ist sie draußen.» Der Freund sollte unrecht behalten. Es wurde Haftbefehl ausgestellt. Fast einen Monat verbrachte Gülnur in Untersuchungshaft. Es kam zum Prozeß. Wegen Durchführung «einer illegalen Kundgebung» forderte der Staatsanwalt eine Gefängnisstrafe zwischen eineinhalb und drei Jahren. Monate später wurde sie freigesprochen.

Gülnurs Festnahme geschah am 43. Tag des Hungerstreiks im Gefängnis Aydın. Sieben Tage zuvor waren die hungerstreikenden Gefangenen Hüseyin Hüsnü Eroğlu und Mehmet Yalçınkaya zu Tode geprügelt worden. Ohnmächtig verfolgten wir die Zeitungsberichte. Kundgebungen und Demonstrationen zum Protest gegen die menschenverachtenden Bedingungen im Gefängnis wurden nicht genehmigt. Illegale Demonstrationen liefen ins offene Messer der Staatsgewalt. Wir begnügten uns damit, seitenfüllende Todesanzeigen in der Tageszeitung *Cumhuriyet* aufzugeben und auf geduldigem Papier Protestresolutionen aufzusetzen. Gülnur, seit Jahren in der Istanbuler Frauenbewegung aktiv, war besser als wir. Prominente Mitglieder der Istanbuler Frauenbewegung, Mitarbeiterinnen der feministischen Zeitschriften *Kaktüs* und *Feminist*, des «Frauenverbandes gegen Diskriminierung», des «Frauenkulturhauses» und der «Frauenkommission des Vereins für Menschenrechte», gingen auf die Straßen Istanbuls. Tagtäglich zogen sie schwarzgekleidet durch die Stadt. Sie legten sich auf die Fahrbahn und blockierten den Verkehr. Am 10. August, als sie im Stadtteil Beyoğlu schwarze Papierfetzen in die Luft warfen, schlug die Polizei zu. Elf Frauen wurden festgenommen.

28 Tage später, am 7. September, findet der erste Verhandlungstag vor dem Strafgericht Beyoğlu statt. Durch das Gedränge in den Korridoren führen Gendarmen die Frauen in den Gerichtssaal. Junge, dunkelbraune Burschen mit ernster Miene in staubigen, grünen Uniformen. Zwischen ihnen, mit Handschellen gefesselt, die Frauen. Der Hungerstreik ist zu Ende. Die Frauen tragen bunte Kleider. Gülnur Savran ist in lila T-Shirt und schwarzem Rock erschienen, Filiz Karakuş mit rosafarbenem Hemd und weißer Hose, Ayşe Düzkan hat ein großes, lila Frauenzeichen auf ihr T-Shirt genäht. Hunderte Zuschauer haben sich eingefunden. Nur wenige Dutzend werden in den kleinen Gerichtssaal eingelassen. Winken, dröhnender Beifall, optimistische Stimmung auf den Korridoren. «Was ist denn hier los?» fragt eine gealterte Prostituierte. Politische Prozesse sind für die Justiz in Beyoğlu etwas Außergewöhnliches. Gegen Zuhälter, Prostituierte und Diebe wird hier in der Regel verhandelt, Beyoğlu ist das Zentrum des Istanbuler Nachtlebens. Nun ein Prominentenprozeß. Selbst ein ausländisches Kamerateam hat sich eingefunden.

Drei Polizisten auf Streife haben die Geschehnisse des 10. August genauestens verfolgt. Wohlgeordnet finden sich ihre Beobachtungen in der Anklageschrift des Staatsanwalts. Eine Gruppe von vierzig bis fünfzig Frauen – ganz in Schwarz gekleidet – hatte sich demnach auf dem Bürgersteig gegenüber dem Lyzeum Galatasaray versammelt. Schwarze, unbeschriftete Papierfetzen, zehn mal fünfzehn Zentimeter groß und nunmehr Beweisstücke der Anklage, wurden in die Luft geworfen. Daraufhin klatschten die Frauen. Der Verkehrsfluß wurde für drei Minuten behindert. «Als wir rübergingen, löste sich die Versammlung auf. Da wir nur zu dritt waren, konnten wir nur elf Frauen festnehmen», sagt Wachtmeister Saadettin Çakmak vom Revier Beyoğlu.

Der Richter sucht nach den rechten Worten, damit jedem im Gerichtssaal sein Respekt vor den Angeklagten deutlich werde. Zuweilen wirkt sein Bemühen lächerlich. «Wir Frauen haben uns aus Protest gegen die Haftbedingungen an diesem Tag schwarz angezogen», sagt Gülnur. «Die Damen kleideten sich aus Protest gegen die Haftbedingungen am 10. August schwarz», gibt der Richter der Stenotypistin zu Protokoll. «Ich bin eine Frau, ich weiß um die Unterdrückung der Frau in allen gesellschaftlichen Ebenen, ich weiß um die Gewalt gegen Frauen. Weil wir selbst Unterdrückte sind, ist Solidarität mit anderen Unterdrückten unsere Pflicht», fährt Gülnur fort. «Deshalb haben wir gegen die Haftbedingungen in den Gefängnissen protestiert. Die Legalisierung der Repression in den Gefängnissen hat Tote zur Folge gehabt.» Richter Ahmet Yavuz Yıldırım liebt das Detail: «Demonstrierten Sie aus einer feministischen Grundhaltung heraus oder aus Protest gegen Menschenrechtsverletzungen?»

Die Mehrzahl der Frauen begab sich am 10. August freiwillig ins Polizeiauto, um die festgenommenen Freundinnen nicht allein zu lassen. «Erfolgte Widerstand gegen die Festnahme?» fragt der Richter den Polizisten Ismail Hakkı Yol, der durch den Besucher- und Presseandrang im Gerichtssaal völlig verstört ist. «Ich hatte per Funk den Befehl bekommen, sie festzunehmen. Sie sagten uns, daß sie nicht mitkommen wollten.» Gelächter im Saal. Richter Yıldırım droht, den Saal zu räumen, und stellt klar, worum es geht: «Dies ist ein Prozeß und keine Komödie. Der Zeuge ist Beamter, und dieses hier ist ein Gericht.»

Der Prozeß wird vertagt. Dem Ersuchen der Rechtsanwälte nach Aufhebung der Untersuchungshaft wird gegen Hinterlegung einer Kaution stattgegeben. Mein Versuch jedoch, Gülnur gleich nach Ende der Verhandlung noch im Gerichtssaal zu umarmen, scheitert kläglich. Mit einem leichten Rippenstoß versperrt mir ein Gendarm den Weg. Die Prozedur ist festgeschrieben: Zunächst werden die Frauen angekettet zurück ins Gefängnis Bayrampaşa gebracht. Erst im Verlauf des Abends werden sie aus der Untersuchungshaft entlassen.

In Istanbul gibt es Tausende von Kaffeehäusern, die nur von Männern frequentiert werden. Im Kaffeehaus gegenüber dem Eisentor des Gefängnisses Bayrampaşa aber sind des öfteren auch Frauen anzutreffen. Freunde und Familienangehörige von Gefangenen warten hier auf deren Entlassung aus der Haft. Weil jede Woche unzählige «Politische» rein- und rauskommen, macht der Wirt Rekordumsätze. Auch am Abend des 7. September sind rund hundert Menschen im Kaffeehaus. Die Atmosphäre ist ebenso unwirklich wie am selben Morgen im Gerichtssaal. Der Kameramann, der bereits im Gericht gefilmt hat, wird von Polizisten weggebracht. Er soll versucht haben, das Gefängnis aufzunehmen. Das Fernsehteam protestiert. Der Polizist beschwichtigt: «Keine Bange, er ist gleich wieder zurück. Ich werde denen im Gefängnis Bescheid sagen, daß sie mit der Entlassung solange warten.» Kurz darauf Applaus für eine Rechtsanwältin. «Tee und Kaffee geht auf meine Rechnung», hat sie verkündet. Schließlich ist es soweit. «Sie kommen.» Der Menschenpulk bewegt sich vom Kaffeehaus zum Eisentor. Singend verlassen die «Frauen in Schwarz» – so ihre Bezeichnung in der türkischen Presse – das Gefängnis. Lieder, die Optimismus verkünden: «In uns tragen wir den Aufstand von Jahrhunderten, laßt uns schreien, gemeinsam und laut. Wir sind Frauen, in uns tragen wir die Sehnsucht nach dem Leben.»

Bis spät in die Nacht sind wir beisammen. Die Tage auf dem Polizeirevier und im Gefängnis werden rekapituliert. Es gibt viel zu erzählen. Begegnungen mit Polizisten auf der Wache, mit Wärtern, mit Häftlingen im Gefängnis.

Für viele der Frauen war es die erste Festnahme, der erste Gefängnisaufenthalt. Wenige waren so gelassen wie die polizei- und gerichtserprobte Filiz Karakuş. Filiz hatte bereits 1983 wegen des Vorwurfs der «Mitgliedschaft in einer illegalen Organisation» 25 Tage in der berüchtigten Folterkammer der politischen Polizei in Gayrettepe verbracht. Danach wurde sie in das Militärgefängnis Metris verlegt. Sie erlebte die Tage der Hungerstreiks, der Knüppel, der Musik, die zum Wahnsinn treiben sollte. Neben Militärmärschen tönte das Lied «Meine Türkei, meine Türkei, mein Himmel» aus den Lautsprechern. Filiz wurde freigesprochen, ihr Ehemann kam für fünfeinhalb Jahre hinter Gitter. Sie nahm teil am Protest der Familienangehörigen der politischen Gefangenen am 1. September 1987 – der Tag, als die 53jährige Didar Şensoy unter den Polizeiknüppeln starb. Wie Şensoy gehörte Filiz zu den Gründern des Vereins für Menschenrechte und arbeitete eine Zeitlang im Vorstand mit. Immer wieder wurden Prozesse gegen sie eröffnet. Wegen einer Unterschriftensammlung für die Generalamnestie und gegen die Todesstrafe, wegen einer genehmigten Kundgebung des Vereins für Menschenrechte, die «Achtung vor dem Menschenleben» lautete. Als einzige der «Frauen in Schwarz» kannte sie die Polizeiwache Beyoğlu von früher, fünf Tage hat sie dort Anfang Mai 1988 mit rund hundert anderen 1.-Mai-Demonstranten verbracht.

«Wo ist unsere dienstälteste Dame Filiz», fragten Polizisten auf der Wache, als sie erfuhren, daß Filiz festgenommen worden war. Filiz beschreibt die Polizisten als «zuvorkommend». Ungewöhnliche Privilegien wurden den Feministinnen zuteil. «Noch bevor wir in der Wache ankamen, ließen wir die Polizisten vor einer Apotheke halten. Wir kauften Seife, Baby-Lotion, Parfum und Tampons, alles, was man so braucht. Auch auf der Wache genossen wir Sonderbehandlung. Wir konnten uns von den Polizisten Bisquits und Obst einkaufen lassen.» Die Zellen jedoch waren dieselben, die Filiz schon im Mai kennengelernt hatte. «Der Boden ist aus Holz. Rund vier mal vier Meter sind die Ausmaße der völlig verdreckten Zelle. Auf dem Boden liegen Zigarettenstummel. Wenn wir ganz dicht zusammenrückten – wir waren ja zu elft –, konnten wir uns sogar hinlegen. An deine fettigen Haare und an die Kakerlaken, die auf deinem Körper auf und ab laufen, gewöhnst du dich mit der Zeit.»

Die Polizisten suchten das Gespräch mit den Frauen. «Wenn meine Frau im Sommer Schwarz trägt, stinkt sie, und ich will sie nicht mehr haben», meinte ein Polizist gegenüber Gülnur. «Das Ganze endete in einem doktrinären Streit, ob Frauen im Sommer Schwarz tragen dürfen oder nicht. Bei unserer Festnahme sagten wir, daß Schwarz die Modefarbe der Saison sei, und wiesen auf verschleierte Frauen im Tscharschaf. Wir fragten: Warum nehmt ihr die nicht fest?» Für Gülnur sind die Polizisten nur Werkzeuge in den Händen der politischen Macht, armselige Kreaturen; zuweilen habe sich ein Gefühl wie Mitleid eingestellt, sagt sie. Ein Polizist gestand ihr: «Eigentlich hätten wir auch gerne studiert wie ihr.»

Für die Polizisten waren die medienbekannten Gefangenen Geschöpfe aus einer anderen Welt. Nicht nur einer gebildeteren, freieren und emanzipierten Welt, sondern auch einer reicheren Welt. Gülnur lehrte Philosophie an der Universität Istanbul. Als die Militärs im Oktober 1981 mit einem neuen Hochschulgesetz die Universitäten gleichschalteten, kündigte sie. Sie war nicht, wie die meisten Polizisten, auf das staatliche Salär angewiesen. Sie konnte es sich leisten, in Sussex eine Doktorarbeit über «Rousseau, Hegel und die Kritik der bürgerlichen Gesellschaft» zu schreiben. Filiz ist eine erfolgreiche Werbemanagerin. Dann die preisgekrönte Drehbuchautorin Süheyla Kalyoncu, die mit dem stellvertretenden Bürgermeister von Istanbul-Kadiköy verheiratet ist. «Ich unterstütze die Aktion meiner Ehefrau», ließ der Bürgermeister über die Zeitungen verlauten.

Den Feministinnen wurde auf der Polizeiwache kein Haar gekrümmt. Doch inmitten der Diebe, Zuhälter und Heroinhändler war diese Sonderbehandlung ein sehr zweifelhaftes Privileg. «Die Verhältnisse auf der Wache Beyoğlu sind schlimmer als das, was dir auf der politischen Polizei im Polizeipräsidium angetan wird. Bei der politischen Polizei weißt du, was dir bevorsteht. Du weißt, in welchen Räumen gefoltert wird und wo nicht. Durch die Privilegien, die wir in Beyoğlu genossen haben, wurden wir besonders erniedrigt», sagt Filiz. «Du hörst natürlich mit, wie andere an der Bastonade gefoltert werden. Dann kommt ein Polizist und buhlt um deine Zustimmung. ‹Wir wissen, daß ihr anders seid, daß ihr gebildet seid. Aber seht, dieser Kerl ist ein Heroinhändler. Wie sollen wir sein Lager finden, wenn wir ihn nicht schlagen?›»

Auf der Wache führen die Frauen auch Diskussionen mit anderen Gefangenen. «Eine Prostituierte schwärmte für ihren Kemal: ‹Er wird bald kommen und mich rausholen.› Mit dem ersparten Geld hatte sie ihm ein Hotel gekauft – ‹Hotel Arbeit›. Doch Kemal zeigte kein Interesse mehr an seiner Lebensgefährtin. Siehst du, unbezahlte Frauenarbeit schuf das Hotel Arbeit, sagten wir ihr.»

Schließlich wird das Protokoll aufgenommen. «Wir wissen um die Gewalt gegen Frauen. Deshalb können wir nicht zur Gewalt im Gefängnis Aydın schweigen», sagen die Frauen. «Wir sind für die Menschenrechte, deshalb haben wir protestiert», nimmt der Polizist zu Protokoll. Vor der Einlieferung ins Gefängnis werden die Frauen dem Gerichtsmediziner im Justizgebäude Beyoğlu vorgeführt. Ein stehendes Ritual: «Du wirst zu dritt vor einen abgebrühten, gelangweilten Arzt geführt. Er fragt: ‹Wurdet ihr gefoltert?› Wir sagten: ‹Nein.› Das Ganze dauerte wenige Sekunden. Er verlangte 6000 Türkische Lira. Wir haben uns geweigert und das Geld nicht bezahlt.»

Das Gefängnis Bayrampaşa, wo einst blutig Gefangene mißhandelt wurden, ist heute ein relativ ruhiges Gefängnis. Man könnte von einem Modus vivendi zwischen politischen Gefangenen und Gefängnisleitung reden. Im Frauenabteil der «Politischen» sind dreißig Gefangene, als die «Frauen in Schwarz» eingeliefert werden. Die «Neuen» lernen die «Alten» kennen: zum Beispiel Aşkın, die mit siebzehn ins Gefängnis kam und seit neun Jahren dort ist. Mukadder, die wegen «kommunistischer Propaganda» zu sechs Jahren und acht Monaten verurteilt wurde. Dann «Tante» Sırma, eine ältere Frau, deren Tochter nach dem 1. Mai ins Gefängnis kam. Am Besuchstag stritt sich Tante Sırma vor dem Gefängnistor mit einem Polizisten. Es kam zu Handgreiflichkeiten. Sie entwand dem Polizisten den Schlagstock und schlug ihn krankenhausreif. Nun ist sie im Gefängnis, ihre Tochter ist entlassen. Viele junge Frauen sind unter den Gefangenen: Schülerinnen und Studentinnen, die auf einer illegalen Demonstration festgenommen wurden und der Mitgliedschaft in illegalen linksradikalen Organisationen angeklagt sind.

Von einem «ungetrübten Gefängnisaufenthalt» kann in Bayrampaşa für die Feministinnen keine Rede sein. Viele der jungen, militanten Frauen grenzen sie aus. «Ihr seid hier nicht erwünscht», sagt gleich bei der Einlieferung der Frauen eine militante Kämpferin einer linken Organisation. «Sie sind da, lebendige Feministinnen. Was sollen wir tun?» fragt eine andere aufgeschreckt die Zellengenossin. Welten stoßen hier aufeinander. Die Welt derjenigen, die «öffentlich mit dem Hintern wackeln und fröhliche Lieder singen» – so eine linke Kämpferin über die Feministinnen –, und die Welt militant-revolutionärer Marschgesänge. «Wir haben nicht nur das Recht auf Politdiskussionen verteidigt, sondern auch das Recht, daß ein Ehepaar sich streicheln darf», sagt Gülnur. Lippenstifte – vom allmächtigen Sprecherrat der Gefangenen als bürgerlich verpönt – werden von den Frauen in Umlauf gebracht. In den Gesprächen bringen sie Themen der Frauenbewegung ein – «kleinbürgerliche Fragestellungen», wie die jungen Mitgefangenen abschätzig bemerken. Tante Sırma tröstet die Feministinnen: «Ihr bemüht euch umsonst. Das ist junges Kraut, siebzehn, achtzehn Jahre alt. Die sind noch nicht einmal verheiratet. Laß sie erst heiraten und Jahre mit einem Mann eine Ehe führen. Dann werden sie merken, worum es geht.»

«Als wir eine Decke auf dem Korridor aufschlugen und Tee mit männlichen Gefangenen tranken, war der Konflikt vorprogrammiert», berichtet Gülnur. «Auf den Korridoren herrscht Picknickatmosphäre, die die revolutionäre Disziplin schädigt», läßt der Sprecherrat verlauten. Nur Männer sitzen im zwölfköpfigen Sprecherrat. Die Frauen verlangen einen Sitz. Die Ketzerei wird mit schlagkräftigen Argumenten niedergeschlagen: «Wir kennen keine Frauen und Männer, wir kennen nur Kommunisten.» Für Gülnur gleichen die Mitglieder des Sprecherrates bürgerlichen Politikern. «Teilweise war es lächerlich. Einer vom Sprecherrat kam, und diese jungen Mädchen legten sofort ein Kissen für ihn hin.»

«Anachronismen» hat Filiz im Gefängnis ausgemacht: Durch den Militärputsch und die jahrelange Haft haben sich die patriarchalischen und antidemokratischen innerparteilichen Strukturen in den linken Organisationen konserviert. Frauen sind «revolutionäre Schwestern», Manövriermasse der männlichen Führung im Kampf für den Sozialismus. «Der Sprecher der PKK hatte überhaupt keine Schwierigkeiten im Umgang mit den ‹revolutionären Schwestern›. Sie waren für ihn ungeschlechtlich. Bei uns war er völlig verstört und schüchtern. Wir waren für ihn eben Frauen.»

Selbst während des Solidaritätshungerstreiks mit den Gefangenen in Aydın – alle Häftlinge beteiligten sich – bringen viele «Politische» den fremdartigen Geschöpfen Mißtrauen entgegen und schotten sich ab. Nahezu alle Militanten der linken Organisationen, die im Gefängnis einsitzen, waren auf der Polizeiwache tagelang der Folter ausgesetzt. Sie mußten Elektroschocks und Traktierung mit Druckwasser erdulden. «Ihr wurdet ja noch nicht einmal gefoltert», lautet ihre absurde Begründung für die Ausgrenzung der Andersartigen.

Doch die Frauen trafen im Gefängnis auch auf Sympathie. Es gab sogar männliche Häftlinge, die die Zeitschriften *Feminist* und *Kaktüs* verfolgten. «Die PKK-Mitglieder haben im Gefängnis zum erstenmal in ihrem Leben Feministinnen gesehen. Ich habe zum erstenmal in meinem Leben einen PKKler gesehen. Ich hatte überhaupt keine Vorstellung, wie ein PKK-Mann ist. Sie haben uns als Menschen kennengelernt, die ein bißchen offener und nicht so konservativ sind und keine Angst haben, ihre Freuden offenzulegen. Und wir haben gemerkt, daß die PKKler nicht solche wilden Wölfe sind», sagt Ayşe Düzkan.

Sieben Jahre für einen Satz

Das Arbeitszimmer des Gefängnisdirektors von Çanakkale. Wir warten auf den Oberstaatsanwalt. Ein kleiner, energischer Mann in korrektem Anzug, Knauf und Lederhandschuhe in den Händen, betritt den Raum. Sofort erhebt sich der Gefängnisdirektor von seinem Sessel, um dem hohen Gast Platz zu machen. Oberstaatsanwalt Ertem Türker ist eigens vom Justizgebäude in Çanakkale zum Gefängnis gefahren, um den Abgeordneten des Europäischen Parlaments Wolfgang von Nostitz zu empfangen. Es ist der 27. April 1989, ein sonniger Tag. Nach langen Bemühungen konnte von Nostitz vom türkischen Justizministerium eine Sondererlaubnis für den Besuch von Gefangenen im Gefängnis Çanakkale erwirken. Ohne Schwierigkeiten wurden wir ins Gefängnis eingelassen. Eine Leibesvisitation, für alle gewöhnlichen Besucher obligatorisch, fand nicht statt. Man gibt sich offen gegenüber dem europäischen Parlamentarier. «Ich bin für Peristrika, Perestroika, oder wie immer das bei den Russen heißt», sagt der Oberstaatsanwalt. «Ich fühle mich wie eine Tänzerin, die zum Striptease bereit ist. Wir haben nichts zu verbergen.»

Ertem Türker wirbt um Verständnis: «Alles ist relativ. Ich hatte in Çorum einen englischen Gefangenen. Er beklagte sich über das Essen. Mein Gott, was kann ich tun. Ich habe für meine Gefangenen 1000 Türkische Lira pro Kopf und Tag. Es muß morgens, mittags, abends reichen. In mancher Beziehung ist das Gefängnis besser als das Leben außerhalb des Gefängnisses. Auf 512 Gefangene kommen hier zwei Ärzte. Das liegt über dem türkischen Durchschnitt.» Im Gespräch mit dem Europa-Abgeordneten bricht der Staatsanwalt in laute Klagen aus: «Wir sind unter geistigem Druck. Den Gefangenen geht es besser als mir und meinen Beamten. Das Gefängnis wird von den Gefangenen verwaltet. Wir sind wegen Europa, wegen der EG, wegen der Presse sehr unter Druck. Die Gefangenen merken auch, daß wir sehr vorsichtig sind.» In den Tiraden des Staatsanwalts wird die Justiz zum Opfer der Gefangenen. Selbst Folter hat er ausgemacht. «Nach der ministeriellen Verfügung müssen die Strafgefangenen die Gefängniseinheitskleidung anziehen. Doch sie halten sich nicht daran. Das ist Folter, was sie uns antun. Das ist geistige Folter.»

Wir dürfen allein, ohne Beaufsichtigung mit den Gefangenen sprechen, für die der Abgeordnete eine Besuchserlaubnis erhalten hat. Mit Gefangenen des Gefängnisses vom E-Typus in Çanakkale. Der E-Typus – nach offizieller Terminologie ein Sondergefängnis für «Anarchisten und Terroristen». Solche wie Selim Açan, verurteilt zu 307 Jahren Gefängnis, wie Güzel Arslaner, verurteilt zu 145 Jahren Gefängnis, wie Alaaddin Şahin, verurteilt zu 130 Jahren Gefängnis, wie Erhan Tuskan, verurteilt zu 123 Jahren Gefängnis, wie Irfan Aşık, verurteilt zu 111 Jahren Gefängnis. Seit neun Jahren, seit dem Militärputsch, sind sie im Gefängnis.

Die politischen Gefangenen, die wir besuchen, haben eines gemeinsam: Sie alle sind Journalisten. Sie alle waren vor dem Militärputsch presserechtlich Verantwortliche von legal erscheinenden linken Zeitschriften. Nach 1980 wurden Dutzende Prozesse vor den Kriegsgerichten gegen sie eröffnet. Sie wurden verurteilt für Artikel, die lange vor dem Putsch erschienen waren. Pro inkriminierten Artikel erhielten sie Gefängnisstrafen: drei Jahre, fünf Jahre, siebeneinhalb Jahre. Die einzelnen Strafen wurden addiert, Jahrhunderte kamen zusammen. Immerhin wurde das Strafmaß entsprechend dem türkischen Strafgesetz letztendlich auf 36 Jahre Gefängnis reduziert. Ein Aberwitz der politischen Justiz: Wären die Zeitschriften, für die die Gefangenen presserechtlich verantwortlich zeichneten, nicht legal, sondern illegal erschienen, wären sie weit glimpflicher davongekommen. Nicht wegen einzelner Artikel, sondern wegen «Mitgliedschaft in einer illegalen Organisation» hätte man ihnen dann den Prozeß gemacht. «Nur» fünfzehn Jahre Gefängnis hätte das Urteil gelautet. Daß sie über Jahre hinweg ihre Zeitschriften legal publizierten, wurde ihnen nach dem Militärputsch zum Verhängnis.

Auf den Gängen des Gefängnisses hängen Denksprüche an den Wänden: «Achte andere, damit du geachtet wirst.» – «Zwei Männer blickten vom Gefängnis hinaus. Der eine sah Dreck, der andere sah Sonne.» Im Konferenzraum der Gefängnisverwaltung – kitschige Landschaftsaufnahmen und ein Kriegsgemälde vom Ersten Weltkrieg zieren den mit Video ausgestatteten Raum – begrüßen uns rund ein Dutzend Gefangene. Alle sind gepflegt gekleidet, ob sie nun Jeans tragen oder Anzüge. Die Kleidung ist wesentliches Moment der Selbstachtung. Jahre haben sie sich dagegen gewehrt, die Häftlingsuniform anzuziehen. Hungerstreiks wurden darum geführt. Es scheint fast, als ob die politischen Gefangenen mit ihren Kleidern sprechen: «Seht her! Wir haben unsere Würde, unseren Stolz verteidigt.»

Da ist der 32jährige Erhan Tuskan. Zwischen 1978 und 1980 war er presserechtlich verantwortlich für die Zeitschrift *Ilerici Yurtsever Gençlik* (Fortschrittliche Patriotische Jugend). 25 Nummern der Zeitschrift sind erschienen. Unmittelbar nach dem Militärputsch wurde Tuskan verhaftet. Zwanzig Prozesse wurden vor dem Kriegsgericht Istanbul gegen ihn eröffnet. In allen ging es um Artikel, die in der Zeitschrift publiziert worden waren. «Dir werden grad mal die Handschellen gelöst. Zwei Minuten kannst du reden, und schon bist du zu siebeneinhalb Jahren Gefängnis verurteilt. Selbst die Rechtsanwälte konnten die Verteidigungsschriften nicht vor Gericht vorlesen. Sie wurden einfach abgeheftet. Es waren keine Gerichtsverfahren. Ich nehme die ganze Geschichte nicht ernst», sagt Tuskan. Er wurde zu insgesamt 123 Jahren Gefängnis verurteilt. Nach einem weiteren Kriegsrechtsverfahren, das mit einer achtzehnjährigen Gefängnisstrafe endete, wollte er Revision beim militärischen Kassationshof einreichen. Doch weil auf seinem schriftlichen Antrag eine Stempelmarke im Wert von hundert Türkischen Lira fehlte – sie war im Gefängnis nicht verfügbar –, wurde das Urteil nicht zur Revision zugelassen. «Ich ging zum Staatsanwalt. Ich sagte ihm, laßt uns in Zukunft solche Formfehler vermeiden. Die Stempelmarke ist doch nur ein Vorwand. Der Staatsanwalt antwortete mir: ‹Du bist sowieso zu hundert Jahren verurteilt. Was machen achtzehn Jahre mehr oder weniger schon aus.›»

Tuskan spricht über Solidaritätskampagnen: «Als ich vor zehn Jahren Chefredakteur unserer Zeitschrift war, riefen wir unsere Leser zur Solidarität mit politischen Gefangenen zum Beispiel in Chile, Südkorea oder Südafrika auf. Wir forderten die Leser auf, eine Karte oder einen kleinen Brief zu schreiben, damit die Gefangenen merken, daß sie nicht allein sind. Damals wußte ich nicht, wie wichtig, wie wertvoll solche Kampagnen sind. Ich habe die Bedeutung erst richtig erfaßt, als ich selbst im Gefängnis war und andere an mich schrieben.»

Da ist der 35jährige Mehmet Özgen. Er war zwischen 1977 und 1979 presserechtlich Verantwortlicher der Zeitschrift *Bağımsız Türkiye* (Unabhängige Türkei). Aufgrund von Artikeln, die in diesem Zeitraum in der Zeitschrift erschienen sind, wurden elf Prozesse gegen ihn eröffnet. In Abwesenheit – er war damals im Gefängnis Metris in Istanbul – wurde er verurteilt. 143 Jahre lautet seine Gesamtstrafe. Auch sein Revisionsantrag beim militärischen Kassationshof wurde wegen der fehlenden Stempelmarke abgelehnt. Ich frage Özgen, ob er verheiratet ist. «Ja, 1978. Damals war sie Medizinstudentin, heute ist sie Ärztin. Zufällig arbeitet sie in Çanakkale. Doch wir können uns selten sehen. Sie hat eben Dienst.» Özgen wird häufig verlegt. Vielleicht ist er schon bald in einem anderen Gefängnis.

Da ist der 33jährige Irfan Aşık, in den Jahren 1978 und 1979 presserechtlich Verantwortlicher der Zeitschrift *Partizan*. Seit Dezember 1980 ist er in Haft. 13 Prozesse wurden gegen ihn eröffnet. 111 Jahre ist das Gesamtstrafmaß. «1983 war ich im Gefängnis Metris in einem 28tägigen Hungerstreik. In dem Hungerstreik forderten wir Bleistift und Papier, damit wir uns auf unsere Verteidigungsreden vorbereiten konnten. Metris war im Jahre 1983, 1984 die Hölle. Alles war verboten. Mit den Militärmärschen, die wochenlang über Lautsprecher auf uns niederprasselten, versuchten sie, uns zu brechen. Jetzt in Çanakkale geht es uns besser.» Irfan Aşık erhält sogar Briefe, zum Beispiel vom japanischen PEN-Club.

Da ist der 41jährige Chemieingenieur Alaaddin Şahin. Zwischen Februar 1977 und September 1977 war er presserechtlich Verantwortlicher der Zeitschrift *Halkın Yolu* (Der Weg des Volkes). Wie die anderen ist er seit neun Jahren im Gefängnis. In 43 Prozessen wurde er zu insgesamt 130 Jahren Gefängnis verurteilt. An rund zwanzig Prozessen konnte er teilnehmen, bei den übrigen wurde er vom Verfahren ausgeschlossen. Şahin zieht Bilanz über neun Jahre Gefängnis, er berichtet über Folter, die Razzien, die Prügel, die Unterdrückung: «Um Widerstand zu leisten, um unsere eigene politische Meinung zu verteidigen, um unsere Menschenwürde zu bewahren, sind wir in Hungerstreiks getreten. Ich war 1984 im Gefängnis in Istanbul. Bei diesen Hungerstreiks sind vier meiner Freunde gestorben. Einige unserer Freunde wurden zu Krüppeln. Warum? Warum das Ganze? Nur um die Menschenwürde zu verteidigen.» Seit 1986 ist im Gefängnis Çanakkale eine Verbesserung zu verzeichnen. Zeitungen und Briefe kommen an. Ich frage Alaaddin Şahin nach seiner Familie. «Ich bin nicht verheiratet. Mein Vater und meine Mutter sind am Leben. Ich habe drei Geschwister, zwei Schwestern und einen Bruder. Ein Kind meiner Schwester ist geboren worden, als ich ins Gefängnis kam.» Ich frage Şahin nach dem Namen des Kindes. «Wie war noch einmal ihr Name? Ich habe es vergessen. Sie muß neun Jahre alt sein. Ich kenne sie vom Foto. Sie ist ja geboren, als ich verhaftet wurde. Wir sind sozusagen gleichaltrig.»

Monate später, bei einem Abendessen in Istanbul, erinnere ich mich an das Gespräch mit Alaaddin Şahin. Es ist die neunjährige Hazal, die diese Erinnerung in mir wachruft. Sie zeigt mir ein Buch in rotem Umschlag. «Was meinst du? Wessen Buch ist das?» Sie ist enttäuscht, als ich ihre Frage beantworten kann: «Es ist das Buch deines Vaters.» Hazal liest den Umschlagtitel vor: «Veli Yılmaz,

Osman Taş, Mustafa Yıldırımtürk: Ein Rechtsbegriff der Inquisition – Das Gesinnungsverbrechen.» Veli Yılmaz kam vor Hazals Geburt ins Gefängnis. Er hält den Rekord unter den verurteilten Journalisten. Aufgrund von Artikeln, die 1977 in der Zeitschrift *Halkın Kurtuluşu* (Befreiung des Volkes) erschienen sind, wurde er zu insgesamt 748 Jahren Gefängnis verurteilt.

Was bedeutet Inquisition?» fragt Hazal. Ich blättere in dem Buch, da wo die Urteilsbegründungen der Kriegsgerichte gegen die drei presserechtlich Verantwortlichen der Zeitschrift kommentarlos abgedruckt sind:

– «Kommunistische Propaganda durch die Forderung nach Nichtanerkennung der Auslandsschulden an die imperialistischen Staaten und nach Vergesellschaftung der Banken und Industriebetriebe, die den Imperialisten und der Großbourgeoisie gehören.» Verurteilt aufgrund des Paragraphen 142-1: «Mit Zuchthaus von fünf bis zu zehn Jahren wird bestraft, wer in der Absicht, die Diktatur einer Gesellschaftsklasse über andere Gesellschaftsklassen zu errichten oder eine Gesellschaftsklasse abzuschaffen oder irgendeine der wirtschaftlichen oder sozialen Grundordnungen des Landes umzustürzen oder die politischen und rechtlichen Ordnungen des Staates völlig zu beseitigen, Propaganda, gleichgültig in welcher Art und Weise, treibt.»

– «Kommunistische Propaganda durch die Aussage, daß die Türkei ökonomisch und militärisch vom Imperialismus und der NATO abhängig ist, und durch die Forderung nach einer Volksarmee.» Verurteilt aufgrund des Paragraphen 142-1.

– «Separatistische Propaganda durch die Veröffentlichung, daß neben der türkischen Nation eine andere, kurdische Nation existiert und daß die kurdische Nation nationaler Unterdrückung ausgesetzt sei.» Verurteilt aufgrund des Paragraphen 142-3: «Mit Zuchthaus von fünf bis zu zehn Jahren wird bestraft, wer aus rassistischen Gründen und in der Absicht, die durch die Verfassung anerkannten öffentlichen Rechte teilweise oder völlig zu beseitigen oder die Nationalgefühle zu zerstören oder zu schwächen, Propaganda, gleichgültig in welcher Art und Weise, treibt.»

– «Kommunistische Propaganda durch die Forderung nach Bodenverteilung an die landlosen Bauern und den Aufruf, die Ausbeutung der Händler zu beseitigen.» Verurteilt aufgrund des Paragraphen 142-1.

– «Kommunistische Propaganda durch die Veröffentlichung, daß sich das weibliche Geschlecht nur durch die Vergesellschaftung der häuslichen Arbeit von der Sklaverei der Hausarbeit befreien kann.» Verurteilt aufgrund des Paragraphen 142-1.

– «Kommunistische Propaganda durch den Hinweis auf die Bedeutung der 1.-Mai-Feiern.» Verurteilt aufgrund des Paragraphen 142-2: «Der gleichen Strafe unterliegt, wer in der republikschädigenden Absicht, entgegen den demokratischen Grundsätzen die Führung des Staates durch eine Person oder Personengruppe zu erreichen, Propaganda, gleichgültig in welcher Art und Weise, treibt.»

– «Beleidigung und Verachtung der Streitkräfte des Staates durch Kommentare zu Prügel und Schimpfworten in der Armee.» Verurteilt aufgrund des Paragraphen 159: «Wer das Türkentum, die Republik, die Große Nationalversammlung, die ideelle Persönlichkeit der Regierung, der Ministerien, der militärischen oder polizeilichen Sicherheitskräfte des Staates oder die ideelle Persönlichkeit der Justiz beleidigt oder herabsetzt, wird mit Zuchthausstrafe zwischen einem und sechs Jahren bestraft.»

– «Beleidigung und Verachtung der ideellen Persönlichkeit der Justiz durch Kritik an einem Urteil des Kassationshofes, nach dem die Familie eines bei einem Arbeitsunfall gestorbenen Arbeiters keine Entschädigung erhält.» Verurteilt aufgrund des Paragraphen 159.

– «Aufforderung an das Volk zur Begehung einer Straftat durch Kritik am Streik- und Aussperrungsgesetz und durch den Aufruf zum Generalstreik.» Verurteilt aufgrund der Paragraphen 311 und 312. 311: «Wer öffentlich zur Begehung einer schweren Straftat auffordert, wird mit Zuchthaus von drei bis zu fünf Jahren bestraft... Erfolgt die Aufforderung durch Massenmedien, gleich welcher Art, durch Tonbandgeräte, Schallplatten, Filme, Zeitungen, Zeitschriften oder durch sonstige Druckwerke, durch das Veröffentlichen oder Verbreiten vervielfältigter handgeschriebener Schriftstücke oder durch das Aufhängen von Plakaten und Anschlägen an öffentlichen Orten, so werden die nach den vorhergehenden Ziffern über den Täter zu verhängenden Zuchthaus- oder Gefängnisstrafen verdoppelt...» – 312: «Wer eine Tat, die vom Gesetz als Verbrechen angesehen wird, öffentlich lobt oder beschönigt oder die Bevölkerung zum Ungehorsam gegen Gesetze auffordert, wird mit Gefängnis von sechs Monaten bis zu zwei Jahren bestraft... Wer durch Diskriminierung einer Klasse, Rasse, Religion, Konfession oder Region die Bevölkerung zu Haß und Feindschaft auffordert, wird mit Gefängnis von einem bis zu drei Jahren und mit schwerer Geldstrafe von 3000,– bis zu 12000,– Lira bestraft...»

Ich lege das Buch aus der Hand. Hazals Mutter Neyyire sitzt mir gegenüber. Sie hat Veli Yılmaz am 18. April 1980 geheiratet. Sechs Monate haben die Eheleute zusammen gelebt. Am 19. November wurde Veli verhaftet. Seitdem ist er im Gefängnis.

Neyyire erzählt mir Geschichten und Anekdoten aus Velis Leben. Er wurde 1953 in Şebinkarahisar am Schwarzen Meer geboren. Großvater und Großmutter haben ihn großgezogen. Veli muß ein aufgeweckter Schüler gewesen sein, immer der Beste in der Klasse. In der Mittelschule erhielt er einmal eine Disziplinarstrafe. Er hatte in einem Schulaufsatz den kommunistischen Dichter Nazım Hikmet zitiert. Zwei Wochen Schulverbot waren die Folge. Schon während seiner Schulzeit im Lyzeum von Şebinkarahisar wurde Veli Mitarbeiter einer Zeitung. Er schrieb für ein Provinzblatt, das von Honoratioren des Städtchens herausgegeben wurde. Seine Arbeit wurde so geschätzt, daß er schon bald Leitartikel schrieb. 1969 immatrikulierte sich Veli an der Medizinischen Fakultät in Istanbul. Schon bald war es aus mit dem Medizinstudium. Veli konnte kein Blut sehen. Er wechselte das Studienfach und studierte Metallurgie an der Technischen Universität Istanbul.

Ich frage Neyyire nach den Septembertagen, als das Militär die Straßen beherrschte und Veli festgenommen wurde. «96 Tage hat

Veli auf der politischen Polizei im Polizeipräsidium Gayrettepe verbracht. Damals wußten wir es nicht. Sein Vater ist öfter dort gewesen. ‹Ihr Sohn ist nicht hier›, erhielt er zu Antwort. Du weißt nicht, ob er lebt oder ob er umgebracht worden ist. Als ich merkte, daß ich schwanger war, stand ich vor der Frage, ob ich ein Kind kriegen will oder nicht. Da habe ich mir gesagt, ich kriege das Kind. Wenn er ermordet wird, ist zumindest eine Erinnerung an ihn da.»

Erst im März 1981 sieht Neyyire ihren Mann im Gefängnis Alemdağ wieder. Sie ist im sechsten Monat schwanger. Für fünfzehn Minuten dürfen fünfzig Besucher rund ein Dutzend Gefangene hinter dem Stacheldraht sehen.

Am 1. August 1981 wird Hazal geboren. Als sie zwanzig Tage alt ist, nimmt die Mutter sie mit ins Gefängnis Metris. Ihr Vater darf sie nicht berühren, sieht sie für wenige Augenblicke in dem Durcheinander hinter dem Gitter. Hazal ist sechseinhalb Monate, als sie zum erstenmal in den Armen des Vaters liegt. Es ist im Gefängnis Hasdal. «Sie weinte und schrie in den Armen des Vaters, der für sie ein Fremder war. Sie wollte zu den Soldaten», erzählt Neyyire.

1983 ist Schluß mit den Besuchen. Aufgrund der Auseinandersetzung um die Häftlingsuniform und der Hungerstreiks wird den Familienangehörigen der Zutritt verwehrt. Nachrichten über Tote und Mißhandlungen dringen nach draußen. «Manchmal denke ich, daß es vor den Gefängnistoren schlimmer ist als drinnen. Während der Hungerstreiks kommen die schlimmsten Gerüchte und Nachrichten vor das Tor. Du weißt nicht, was daran wahr und was falsch ist», sagt Neyyire. 1984 hört sie – damals beruflich in Antalya unterwegs – von dem Urteil, das gegen ihren Ehemann ergangen ist. «Eine Kollegin erzählte mir etwas von tausend Jahren. Da habe ich gesagt, ach, wie schön, das heißt, wir werden tausend Jahre leben.»

Die Gewalt und das Unrecht des September-Regimes haben einen professionellen Typus von Familienangehörigen der politischen Gefangenen geschaffen. Selbstaufopferung für den Sohn, die Tochter oder den Ehepartner bestimmt das Leben. Auch Neyyire hat neun Jahre vor den Gefängnistoren zugebracht. In den Gefängnissen Alemdağ, Metris, Hasdal, Bayrampaşa und Bartın hat Veli gesessen. Doch sie wehrt sich dagegen, nur als Familienangehörige eines politischen Gefangenen betrachtet zu werden. «Bei der Geburt war mein Gedanke nicht: Du hast einen Mann, du wirst das Kind gemeinsam erziehen.» Über die Jahre hinweg hat Neyyire gearbeitet, Geld verdient und Hazal großgezogen. Heute arbeitet sie als Ressortleiterin für Menschenrechte in einer großen türkischen Zeitung. 1986 hat sie ein Buch geschrieben: «Cezaevi, Cezaevi» (Gefängnis, Gefängnis) – Berichte über das Leben im Gefängnis. «Ich habe eine eigene Arbeit, ich habe eine eigene Identität, eine Persönlichkeit. Ob er im Gefängnis ist oder nicht, ich muß leben», sagt Neyyire. Die Bilanz von sechs Monaten Zusammenleben und neun Jahren Trennung.

«Ich sage es auch manchmal zu Veli: Wenn endlich diese Geschichte zu Ende ginge, wenn er endlich aus dem Gefängnis entlassen würde, dann könnte ich endlich tun, was ich will.» Neyyire steht unter extremer Spannung. Einerseits die totale Solidarität für ihren Ehemann, zum anderen die Wahrung einer eigenen Identität. «Vor einigen Jahren sagte Veli: ‹Wenn ich raus bin, laß uns noch ein Kind machen, damit ich auch weiß, wie es ist.› Ich habe spaßhaft darauf geantwortet: ‹Du kannst es ausprobieren, aber gebäre selber oder mit einer anderen Frau.›»

Ich stelle Neyyire Detailfragen zu den Urteilen gegen Journalisten. Sie ist Expertin. Stundenlang kann sie über Gutachten, Kriegsgerichtsurteile, das Strafrecht, die Strafprozeßordnung und Rechtsfehler reden. Hazal mischt sich ins Gespräch. Das Kind mit den schönen, braunen Augen und den langen Haaren zischt mich an. «Warum stellst du all diese Fragen?» – «Weil ich auch ein Buch schreibe.» – «Willst du auch wie mein Vater ins Gefängnis kommen?»

Rüstungspolitik

Olaf Achilles/Jochen Lange
Tiefflieger
Vom täglichen Angriff auf die Bürger.
Daten. Fakten, Hintergründe (12579)

Horst Afheldt
Defensive Verteidigung
(5345)

SIPRI (Herausgeber)
Waffenproduktion in der Dritten Welt
Rüstungsjahrbuch 6 (5917)

Dorothee Sölle
Im Hause des Menschenfressers
Texte zum Frieden (4848)

12624

12621

Herausgegeben von Ingke Brodersen

rororo aktuell

C 2041/13 a

frauen aktuell

A. Baumgartner-Karabak/
G. Landesberger
Die verkauften Bräute
Türkische Frauen zwischen Kreuzberg und Anatolien (4268)

Martha Mamozai
Schwarze Frau, weiße Herrin
Frauenleben in den deutschen Kolonien (12506)

Saliha Scheinhardt
Träne für Träne werde ich heimzahlen
Kindheit in Anatolien (12234)

Awa Thiam
Die Stimme der schwarzen Frau
Vom Leid der Afrikanerinnen (4840)

Ruth Weiss (Herausgeberin)
Frauen gegen Apartheid
Zur Geschichte des politischen Widerstandes der Frauen (5914)

Barbara Yurtdas
Wo mein Mann zuhause ist ...
Tagebuch einer Übersiedlung in die Türkei (5137)

12380

12789 (Sept. '90)

Herausgegeben von Ingke Brodersen
Begründet von S.v. Paczensky

frauen rororo aktuell

C 2078/10 b

Probleme (Süd-) Afrikas

Beate Müller-Blattau
Julieta und die Stille des Todes
Mosambik: Vom Krieg gegen die Kinder (12727)

Awa Thiam
Die Stimme der schwarzen Frau
Vom Leid der Afrikanerinnen
(frauen aktuell 4840)

Desmond Tutu
«Gott segne Afrika»
Texte und Predigten des Friedensnobelpreisträgers (5626)

Ruth Weiss (Herausgeberin)
Frauen gegen Apartheid
Zur Geschichte des politischen Widerstandes von Frauen
(frauen aktuell 5914)

12506

12555

Herausgegeben von Ingke Brodersen

rororo aktuell

C 2362/2

Zeitgeschichte

Analysen
und
Lebensläufe

Rudi Dutschke
Mein Langer Marsch
Reden. Schriften und Tagebücher aus zwanzig Jahren (4718)
Die Revolte
Wurzeln und Spuren eines Aufbruchs (4935)

Erhard Eppler
Das Schwerste ist Glaubwürdigkeit
Gespräche über ein Politikerleben mit Freimut Duve (4355)

Helmut Lorscheid/Leo A. Müller
Deckname: Schiller
Die deutschen Patrioten des Lyndon LaRouche (5916)

12488

5642

Herausgegeben
von
Ingke Brodersen

rororo aktuell

C 2175/4